从这里走近
春秋

❶ 乱世将至

刘涌 著

中国纺织出版社有限公司

图书在版编目（CIP）数据

从这里走近春秋.①，乱世将至/刘涌著.--北京：中国纺织出版社有限公司，2022.11
ISBN 978-7-5180-9774-6

Ⅰ.①从… Ⅱ.①刘… Ⅲ.①中国历史—春秋时代—通俗读物 Ⅳ.①K225.09

中国版本图书馆CIP数据核字（2022）第147578号

责任编辑：张　宏　　责任校对：高　涵　　责任印制：储志伟

中国纺织出版社有限公司出版发行
地址：北京市朝阳区百子湾东里A407号楼　邮政编码：100124
销售电话：010—67004422　传真：010—87155801
http://www.c-textilep.com
中国纺织出版社天猫旗舰店
官方微博 http://weibo.com/2119887771
鸿博睿特（天津）印刷科技有限公司印刷　各地新华书店经销
2022年11月第1版第1次印刷
开本：710×1000　1/16　印张：14.5
字数：160千字　定价：158.00元（全四册）

凡购本书，如有缺页、倒页、脱页，由本社图书营销中心调换

前言

万里江山与明月，雄狮戎旅震山河。

金戈铁马，鼓角争鸣，奏响了权谋与争斗的交响曲。牧野之战，拉开了商周交替的序幕；平王东迁，却是一个帝国的落日余晖。从此，历史翻开了春秋战国的书卷。

公元前770年，周平王东迁至成周雒邑，开启了一个伟大的时代。鲁国国史《春秋》详细记载了其间300多年的历史事件，于是后人将这一时代称为春秋时代。

春秋时代的历史纷繁复杂，《春秋》一书记载了四百八十余次战争。司马迁在《史记》中这样写道："春秋之中，弑君三十六，亡国五十二，诸侯奔走不得保其社稷者，不可胜数。"

春秋时代涌现出的历史人物多如星斗，大小战争杂如牛毛，成语和典故令人目不暇接。庞杂的史料让大多数人对春秋历史望而却步。回望千年系列的一部作品《从这里走近春秋》由此诞生。

笔者以《春秋》《左传》《国语》《公羊传》《谷梁传》《史记》《越绝书》《吴越春秋》等史料为依据，参考众多史学大家的学术著作，通过宏观与微观相结合的方式，从政治、经济、军事、地缘等多维度，梳理出一条清晰的主线，并还原出一幅春秋时代的全景图，帮助读者从宏观角度感受春秋时代的历史进程。

同时，笔者用谥号作为春秋诸侯国君的名字，便于读者记忆。

本书从牧野之战起笔，揭示了西周初期分封天下背后的帝王心术，又从地缘政治的角度，阐述了春秋乱世的必然性。书中的叙事脉络清晰，笔者用大量笔墨勾勒出了郑庄公小霸中原、齐桓公一匡天下、晋文公崛起西北、楚庄王问鼎中原、吴王夫差攻破郢都、越王勾践三千甲士灭吴等跌宕起伏的春秋争霸之战，令读者阅读后产生荡气回肠的史诗感。

值得一提的是，中原诸侯向来轻视楚国以及东南地区国家，所以鲁国史官在编写《春秋》时，极少记载吴国和越国的历史。

东汉史学家赵晔所著的《吴越春秋》和带有地方志特点的《越绝书》援引了《史记》中的诸多内容，搜集了吴越当地的史料甚至传说。尽管这两本书的严谨性不强，但衍生出了很多中国传统文化符号。

因此，笔者在描述吴越争霸这段历史时，援引了《吴越春秋》和《越绝书》中的大量记载，以补全史料记载的缺失。

《从这里走近春秋》系列丛书的面世，得到了很多人的帮助。感谢王欢乐先生，他将我的手稿制作成节目，并受到广泛的好评；也感谢众多朋友热情而踊跃的交流指正，使本书的史料功底更扎实。

在创作之初，笔者曾经陷入低谷，不知道人生的意义何在。短短百年，与漫漫历史长河相比，不过是白驹过隙。然而，翻开史书，历史上无数先贤用短暂的人生，为后人留下了不可磨灭的光辉。

很庆幸自己在落魄的时候，从历史中找到了人生的意义，很感谢爱人郑梦羽女士以及挚友蒋洪先生的支持。

愿我们不畏寒夜清冷，燃起回望千年的一盏灯，在历史的长河中，找到人生的意义。

刘涌

2022年4月

- **01** 牧野之战——有史以来第一场闪电战 / 001
- **02** 三监之乱——如履薄冰的西周初年 / 011
- **03** 平王东迁——春秋时代的前夜 / 017
- **04** 郑伯克段于鄢——郑国的前世今生 / 021
- **05** 黄泉见母——以孝为名的权谋 / 027
- **06** 周郑交恶——礼崩乐坏的起点 / 030
- **07** 东门之役——各怀鬼胎的伐郑之战 / 033
- **08** 袖里藏金——郑庄公的权谋之术 / 041
- **09** 鲁隐公之死——藏在春秋史官笔下的弑君真相 / 045
- **10** 宋殇公之死——一场改变时代格局的内乱 / 050
- **11** 箭射天子——令天子跌落神坛的繻葛之战 / 053
- **12** 一山二虎——郑国盛极而衰的端倪 / 057
- **13** 树欲静而风不止——郑国跌宕起伏的权力交替 / 061
- **14** 沈鹿会盟——南方霸主的崛起 / 066
- **15** 剑指汉阳——楚武王的开疆拓土 / 071
- **16** 楚武王之死——从容慷慨的枭雄绝唱 / 076
- **17** 子承父业——楚文王伐蔡灭息 / 079
- **18** 庄僖小霸——齐国的一线生机 / 083

⑲ 不伦之恋——齐襄公与文姜的传说 / 086

⑳ 瓜代有期——一场因甜瓜引发的血案 / 092

㉑ 乾时之战——齐桓公即位后第一场胜利 / 097

㉒ 管仲拜相——孔子与诸葛亮推崇的千古明相 / 100

㉓ 一鼓作气——鲁国两战两捷 / 104

㉔ 仓廪实而知礼节——两千年的历史唯物主义 / 108

㉕ 九合诸侯——齐桓公称霸的坎坷之路 / 110

㉖ 幽地会盟——齐、楚之间的交锋试探 / 119

㉗ 子元之乱——楚国深陷八年内乱泥潭 / 121

㉘ 貌合神离——九合诸侯背后的钩心斗角 / 127

㉙ 庆父不死，鲁难不已——庆父之乱的前因后果 / 130

㉚ 尊王攘夷——齐桓公驱逐蛮夷 / 136

㉛ 齐楚争霸——跌宕起伏的权谋大戏 / 139

㉜ 楚国东进——齐、楚一战江淮 / 160

㉝ 五子夺位——齐国霸业凋零 / 165

㉞ 泓水之战——宋襄公霸主之梦破碎 / 170

附录 / 175

附录1 牧野之战发生时间考证 / 176

附录2 真实的商王帝辛 / 177

附录3 姜尚考证 / 179

附录4 微子启投诚 / 181

附录5 《封神演义》中的比干之死 / 183

附录6 周公旦称王事件始末 / 186

附录7　烽火戏诸侯真伪考证 / 188

附录8　郑桓公去世时间考证 / 190

附录9　共和行政谜团与平王东迁时的卫国 / 192

附录10　卫国的乱世家谱 / 196

附录11　文姜考证 / 199

附录12　管鲍之交 / 201

附录13　春秋猛将南宫长万 / 204

附录14　柯地会盟 / 207

附录15　斗榖於菟身世之谜 / 209

附录16　王子颓之乱 / 211

附录17　哀姜之谜 / 212

附录18　陈国公子完入齐 / 213

附录19　斩孤竹而南归 / 217

附录20　卫懿公好鹤亡国 / 220

附录21　周惠王之死 / 223

01 牧野之战
——有史以来第一场闪电战

距今三千多年前,在商王朝西部的周人,以四万五千兵马,借崤函古道出关中平原。队伍以最快的速度推进到王朝的国都朝歌,双方于甲子日在牧野展开大战,史称牧野之战<u>考证参见附录1</u>。

这场昏天暗地的大战仅仅维持了一天,战前毫无准备的商人溃不成军,商王帝辛也命丧沙场。在大战的第二天,大周八百年的江山社稷,伴着朝阳冉冉升起。

牧野之战的主角是周人部落首领武王姬发以及商王朝的末代大王帝辛。因为年代久远,史书上对牧野之战的记载仅有寥寥数语,这为大周的开国之战蒙上了重重迷雾。

在这迷雾背后,是周人与商人绵延了三代的权力之争。

故事要从牧野之战的六十多年前说起。那一年,帝辛的爷爷文丁,刚刚继承商王之位,而此时的王朝早已出现颓势。众多分散在王朝周边的部落与方国❶蠢蠢欲动,时刻准备着反叛商王的统治。商朝自身又是一个王权与神权并立的朝代,以巫师祭祀为代表的神权逐渐强大起来。

外患与内忧压迫着商王文丁,他需要一个强力的臣子支持自己。放眼天下,有辉煌战果的季历映入了他的眼帘。季历是周武王的祖父。在一年

---

❶ 方国或方国部落是指中国夏商之际的诸侯部落与国家。

前，季历曾统率周人讨伐西北地区的鬼戎部落❶，不仅大破鬼戎，还俘获二十名戎狄首领。

季历统领的周部落能征善战，又远在西岐，是商王文丁心中最合适的人选。为了拉拢季历，文丁将女儿太任嫁给对方。一场政治婚姻取得了良好的效果，在此后的十余年中，季历为岳父南征北战，打遍王朝周边的小部落无敌手。

文丁二年，周人伐燕京之戎。

文丁四年，周人伐余无之戎。

文丁七年，周人伐始呼之戎。

文丁十一年，周人伐翳（yì）徒戎❷。

与日益衰落的商王朝不同，季历在常年的征战中大大提升了周部落的影响力，使周部落成为可以威胁到商王朝统治的力量。

历史无数次证明，"功高盖主"四个字是为人臣子之大忌。季历的强势崛起，令商王文丁产生了一丝不安。在十余年的光阴中，季历每一次出征都展现了杀伐果断的性格，反观文丁的儿子帝乙，则显得优柔寡断。

很明显，女婿的性命没有儿子重要，更没有江山社稷重要。终于，在季历讨伐翳徒之戎后，商王文丁设计诱杀了季历。对此，史书《古本竹书纪年》中留下了短短五个字：文丁杀季历。

季历死后，年幼的姬昌即位。这位少年部落统领便是日后大名鼎鼎的周文王。现实如此残酷，姬昌还没有想明白外公为什么要杀父亲，周人的

---

❶ 王国维《观堂集林》考证为鬼方，是殷周时期活动在今陕西和山西北部地区的戎狄部落，当时为商人和周人的共同强敌，并且彼此之间时常发生战争。

❷ 据《古本竹书纪年》记载。

01 牧野之战——有史以来第一场闪电战

未来就已经压到了他的肩膀上。

在姬昌成为部落首领的两年后，他的外公商王文丁去世，舅舅帝乙即位，成为新一任商王。在季历死后的第四年，姬昌为报杀父之仇，率族人讨伐商王朝。

这场征伐并不成功，其中的细节被淹没在历史的迷雾中。可以明确的是，在这场征伐以后，姬昌没有再讨伐他的舅舅商王帝乙。此后二十余年，这对舅甥相安无事。姬昌潜心在关中发展；而随着江淮地区的蛮夷逐渐强盛，商王帝乙则将帝国的战略重心转向东南地区。

回顾商王帝乙的统治生涯，他并没有拿得出手的政绩，更没有扭转商王朝的衰落之势。当他病逝于朝歌时，留下了一个内有神权与王权并立，外有四方蛮夷冲击的飘摇江山。

此时，末代商王帝辛终于登上了历史舞台。商王帝辛是一个备受争议的历史人物，他还有一个广为人知的名字——商纣王考证参见附录2。

商王帝辛接手了一个烂摊子，不但神权阻碍着王权，而且王权内部也出现了分裂的征兆。

在这个时代，帝国权力的传承遵循着"兄终弟及"原则❶。商王帝辛即位时，他的王叔比干和箕子依然在世，他们是王位的潜在争夺者。除了这两位，帝辛还有一位同父同母的哥哥叫启❷，同样是王位的潜在争夺者。

---

❶ 商代采用王位由王弟与王子继承并用的制度。传弟按年龄长幼依次继承，兄终弟继；传子有传兄之子、传弟之子和传嫡子。

❷ 帝乙成为商王前，就已经有了长子启。帝乙成为商王后，生下的第一个儿子是帝辛，因此帝辛是嫡长子；而启仅为长子。

与父亲不同,商纣王不但能文能武,而且杀伐果断❶。他即位之初,便开始着手解决商王朝的权力问题。

商纣王帝辛首先将哥哥启分封到微地(今山西潞城东北地区)——因此历史上又将启称为微子启,同时提拔和培植自己的亲信,逐步架空王叔比干和箕子的党羽。此外,他还将原本十天三祭祀的规矩改为每月一祭祀,通过降低祭祀活动的频率,减少神权对王权的束缚。

经过一番整顿,帝辛开始了振兴商王朝的征程。他数次南下讨伐江淮之夷,同时向东用兵,百克东夷,将王朝的疆土从中原腹地扩张到江淮一带和渤海岸边。❷

回望千年,我们发现,商王帝辛的征伐战略与历史上的绝大多数王朝不同。翻开三千多年前的商王朝地图,国境的东面是生活在今山东境内的东夷,那里是一马平川且土地肥沃的山东平原,东南面是水源密集的江淮平原,南面是荆楚蛮荒之地,北面则是华北平原。

在那个人口稀少的年代,部落如夜空中的繁星散落在华夏大地上,只有最肥沃的平原地区才会形成人口密集的村落。而当时的商人已经开始训练大象进行作战,这些体型庞大的战象,成为在平原地区攻城拔寨的利器。

商王帝辛凭借手下的精兵强将以及战象的优势,在对外征伐中鲜有败绩。然而他的这个优势,在对抗位于西面的周部落时却难以发挥作用。

周部落盘踞在关中平原上,当时仅有崤函古道可以进出关中,而且这

---

❶ 《荀子·非相篇》记载:(纣)长巨姣美,天下之杰也,筋力越劲,百人之敌也。
❷ 众多出土文物考证。

条路夹在崇山峻岭之间，战象难以通过。退一步说，即使商王帝辛能够灭亡周部落，周部落附近还有众多戎狄与方国，他若想守住关中盆地，势必要分兵驻守，而由于存在崤函古道这个天险，商王朝将付出巨大的统治成本，因此，商王帝辛选择了先东后西的战略。与此同时，为了控制周人的活动，他将自己的表兄姬昌囚禁在当时商王朝的国家监狱——羑里。

历史上对姬昌被囚于羑里之事众说纷纭，甚至衍生出很多神话与传说。然而这件事的真实性，至今无从考证。我们抛开种种未解之谜，从另一个角度衡量这件事，或许会有新的发现。

此时，姬昌仅仅是商朝的臣属，封号为西伯侯。自从他的父亲季历被商人杀害后，姬昌经营西北几十年，此间不断拉拢不满商人统治的部落，以此对抗商王朝的统治。

在这种情况下，商王帝辛要不要杀姬昌，这是一个问题。如果贸然杀掉姬昌，极有可能引起周人的叛乱；与其杀了姬昌，不如留着他作为要挟周部落的筹码。

在姬昌被囚期间，周部落的谋臣们不断向商王帝辛贡献宝物或美女，七年后，商王帝辛终于将姬昌放回西岐，并且赏赐对方弓箭斧钺，以做安抚。他这一念之间的纵虎归山，却为整个王朝的覆灭埋下了伏笔。

姬昌在被囚期间，思考了很多事情，他的杀父之仇和被囚之耻告诉他，周人唯有推翻商人的统治，才能获得翻身的机会。此时姬昌重获自由，他便开始思考如何行动。经过渭水时，他遇到了一位充满传奇色彩的历史人物——姜尚考证参见附录3。二人经过短暂的交谈，一拍即合，姜尚加入了周部落，为日后牧野之战立下了汗马功劳。

姬昌与姜尚二人回到西岐，奉行韬光养晦的策略，此后数年，周人没有再对外征伐。与此相对应的是，商王帝辛持续地大肆消耗国力，征伐东夷和江淮之夷。虽然他战功赫赫，却始终没有彻底征服来自东方的蛮夷部落。单说东夷部落，有史可查的叛乱多达二十三次，而商王帝辛的执政生涯也不过三十年。

东夷和江淮之夷此起彼伏的叛乱成为商人挥之不去的阴霾，而姬昌在执政后期称王，并将周部落的国都搬迁到丰邑❶，正式举起了反抗自己表弟商王帝辛的大旗。

定都丰邑后的第二年，周文王没有出兵东进，他只是完成了生老病死的最后一步，死在了丰邑。他的儿子周武王踌躇满志，踏上了讨伐表叔商王帝辛的艰辛之路。

周武王在军师姜尚的辅佐下蛰伏了九年，九年的光阴，对于一个人来说，是从少年到青年的成长，或是从中年到老年的衰颓，毕竟人生并没有太多的九年。但在历史长河中，九年的光阴，只是短短的一句话，甚至连一句话都没有。

因为彼时的商王朝，在各部落眼中，依然强大得令人发指。商王帝辛手中不仅有无可匹敌的战象部队，麾下更有不世出的绝世名将，其中最出名的父兄三人，当数蜚廉、恶来和季胜。

季胜的后人，建立了"燕赵古称多感慨悲歌之士"的赵国；恶来的后人，建立了一统华夏的秦国。秦赵当为后世战国中两个军力最强的国家。而蜚廉，是恶来和季胜的父亲。

千百年前，秦赵能征善战的血液便在商人的体内奔腾，他们兵锋所

---

❶ 今陕西省西安市附近，即后世的长安，周朝也成为第一个定都西安的王朝。

01 牧野之战——有史以来第一场闪电战

向,攻无不克。周武王清楚,如果让商人统一了中原的大片土地,他以及周部落将无力回天。

在周武王即位后的第九年,与商王朝征战多年的东夷部落发生了叛变。周武王抓住机会,举行了盛大的祭祀活动,并前往黄河岸边的渡口孟津❶,举行了盛大的阅兵仪式。此时周武王自称太子,他为完成文王遗愿,起兵讨伐商人,历史上将此次阅兵称为孟津观兵。

虽然史书记载参与孟津观兵的诸侯多达八百,但实际上,八百诸侯不过是一种夸张的说法。这次观兵出现了一种诡异的现象,那就是周武王率军东征时半途而归。

传说周军起兵渡过黄河时,船行进到河中,有一条白鱼跳入周武王的船舱中,周武王拾起它用来祭祀,得到不祥之兆。大军渡河后修整期间,又有一个火团从天而降,凝结成红色的乌鸦形状,降落时犹如轰隆隆的雷声。周武王为此进行占卜,得到的依然是不祥之兆,他为了顺应天意,撤兵西归。

传说终归是传说,真相如何,不得而知。或许这次东夷叛乱结束得很快,商人的大军已经在赶回朝歌的路上,如果周武王强行讨伐,胜利与否不得而知,但估计会死得比较有尊严。

又或许,是这次盛大的阅兵活动,暴露了周武王的军事意图,以至于商王帝辛已有防备,在朝歌等待周武王的是一支当世无敌的强军。

无论如何分析,事实终究是事实,耐人寻味的孟津观兵最终不了了之,但是武王伐纣的大业并未停止,周人选择了另一种方式——偷袭。

---

❶ 今河南省洛阳市辖区。

商朝末期，由于人口与生产力的限制，没有出现边防的概念。归顺于商王朝的部落如同一盘散沙分布在中原地区。部落之间广袤的荒野，为周人偷袭朝歌创造了条件。

周武王派周公旦前去以加官进爵贿赂商王帝辛的臣子胶鬲，令其成为周人安插在商王朝内部的间谍；同时又命召公奭前往共首山，与商王帝辛的亲大哥，同时也是周武王表叔的微子启结盟<u>考证参见附录4</u>。

周人在商王朝内部安插的这两枚棋子，在两年后的牧野之战中发挥了至关重要的作用。胶鬲为战争提供了掩护，而微子启的投诚，则在朝歌的西面防线撕开了一个缺口。

终于，在公元前1045年，商人在平定江淮之夷的战争中大获全胜，天下将定，商王帝辛拥有了王朝五百年来最广袤的疆土。此时的商王，已经无比膨胀，同年，他杀死了王叔比干<u>考证参见附录5</u>，囚禁了王叔箕子。

为了宣扬武力，他还决定在黎地❶举行一场声势浩大的观兵，并下令东夷人出兵参加。这是一种满是示威意味的行为——"我帝辛要让你们这群蛮夷看看，商王朝的武力有多么充沛"。

东夷人民强烈谴责了此次商王朝的观兵活动，并对此事件表示密切关注。商王帝辛在充分考虑了东夷人民的诉求后，下令让蜚廉将观兵改为实战。本次实战充分展现了商人能征善战的军事素养，蜚廉率军从今山东省东南部地区一路东进，打穿了整个山东地区，将战火蔓延到胶东半岛沿海地区，其间无数东夷人民沦为商王朝的奴隶。

当商人在王朝的最东边大肆征伐时，同年十二月三日，西部边陲的周

---

❶ 今山东省鄄城附近。

人部队，整装待发向王朝的心脏朝歌进军。这一次，周武王没有举行华而不实的观兵活动，而是率领部下星夜兼程，以最快的速度偷袭朝歌。

从西周的都城丰邑到朝歌的距离长达六百多千米，需要途经崤函古道，他们在翻山越岭、跋山涉水后，还要渡过黄河天险，穿越河洛平原，才能抵达朝歌。在短短一个多月的时间内，周人的部队创造了一个奇迹，他们出色地完成了这次急行军。

此时天下初定，如果没有东夷人突如其来的叛乱，商王帝辛极有可能在观兵后掉转枪头，将战略重心从东部调整向西部。这一次偷袭朝歌，是周人最后的反击机会。

武王伐纣是一次绝密的军事行动，如何在隐瞒商人的前提下，通知其他盟友前来相助，这是一个关乎命运的问题。

在周人大军行至鲔水时，胶鬲前来会见周武王，两人之间开始了一场充满弦外之音的对话。

胶鬲询问周武王的弦外之音是："请如实告诉我，您将要攻打哪里？"

周武王回答："我将攻打朝歌。"

胶鬲又问："您的大军将于哪一天抵达朝歌？"

周武王说："我将率军在一月九日抵达朝歌的郊外，你将我的话传递给其他部落的首领。"

胶鬲离开后，天气骤变，连日飘起大雪[1]。

糟糕的天气阻碍了大军行进，周武王却下令强行军赶路，将士们苦不

---

[1]《吕氏春秋》原文为"天雨，日月不休"。旧唐书引用《六韬》的逸文描述："武王伐纣，雪深丈余，五车二马，行无辙迹。"鉴于武王在冬季起兵伐纣，因此下雪的可能性更大。

堪言。周武王不为所动，坚持原先的命令。

终于，周军在一月九日抵达了朝歌。而与他们一同到达的，还有八个联盟部落的援军。

黎明时分是人们最困乏的时刻，也是最适合偷袭的时刻。在一月九日黎明，周武王开启了一场史诗级的偷袭。战前，他在牧野举行誓师大会，左手持黄色巨斧，右手拿白色战旗，动员三军说："我们从西方远征而来，与友邦盟军共同作战，希望你们能威武雄壮，殊死一战！"

这场纠缠了三代人爱恨情仇的史诗大战，仅仅持续了一天，商王朝的奴隶军阵前倒戈，大将恶来战死，帝辛自焚于鹿台。落日余晖渲染着血腥的战场，夜幕降临时，那个传承了五百年的商王朝轰然倒塌。

三监之乱
——如履薄冰的西周初年

牧野之战的胜利，并不是周武王创建周王朝的终点，恰恰相反，这一战只是一个起点。获胜后的周武王无法高枕无忧，这场胜利背后依然存在隐患。因为商人的主力部队正在蜚廉的带领下远征东夷，如果对方率主力回援，周人未必能守住胜果。况且，商王朝传承了五百年，统治根基远比周人深厚，如果殷商贵族能够将附属于他们的部落联合起来，将是一支不可忽视的力量。

一场战役可以决定一个人的生死，但若要决定一个国家的命运，恐怕还远远不够。此时的朝歌，仿佛一个巨大的火药桶，周人稍有不慎，随时会被炸得粉身碎骨。

周武王很聪明，他没有立即成为天下共主，相反，他选择了急流勇退，毫不恋战地从朝歌撤军。撤军前，周武王采纳胞弟周公旦的建议，采取以殷治殷的政策。他大肆封赏殷商贵族，以安抚商人，将战前投诚的微子启封在了商朝旧都商丘，建立宋国，并授予其最高等级的爵位——公爵❶，特别批准宋国可以用天子的礼乐祭奉商朝宗祀。他又留下了帝辛之子武庚，把他封在朝歌，作为傀儡代替周人管理殷商遗民。为了防止武庚叛乱，周武王将朝歌的王畿之地一分为三，在朝歌东面建立卫国，在朝歌西

---

❶ 公侯伯子男的爵位制度。

南面建立鄘国,在朝歌北面建立邶国,分别让他的弟弟——管叔、蔡叔、霍叔三人监视武庚,史称三监。

随后,周武王率军离开朝歌,开始清理不愿归顺周王朝的部落势力。《逸周书·世浮》记载,武王姬发灭国九十九,服国六百五十二。这个记载与八百诸侯孟津观兵相同,是夸张的说法,但从侧面说明周武王的目标明确,他利用天下共主灭亡的权力真空期,迅速扩张。

回顾整个周朝的建立过程,我们可以发现,周人的战略思路与后世的很多战争如出一辙——周武王埋伏间谍搜集情报,而后趁朝歌兵力空虚,急行军六百多千米,奇袭朝歌。旗开得胜后,设置傀儡以殷制殷,设置三监掌控武庚的活动。最后率周人的主力横扫天下,在最短的时间内,把周王朝从割据一方的诸侯,提升到天下共主的级别。

可惜,周武王统一天下的事业未竟全功,便溘然长逝。他在临终前,将周天子之位传给了他的儿子姬诵,史称周成王。权力的传承开始从兄终弟及制,迈向了嫡长子继承制。而这一变化,导致了周朝初期的权力乱象。

周武王伐纣的过程中,姜尚、周公旦、召公奭三人的功劳最大。周武王去世后,这三人成为朝中的权臣。新任天子周成王的声望与能力,都不足以与这三人抗衡。周成王很难凭借一己之力,平定开国之初的动荡。

此时,东夷部落和江淮之夷尚未归顺,商朝余孽蜚廉仍在,新任天子无法震慑宵小。周公旦作为周武王的胞弟,在牧野之战后得到了周人的主力部队,这支部队就是后世大名鼎鼎的西六师❶,用以保卫国都,抵御外族入侵。因为镐京又称宗周,所以这支部队亦称宗周六师。他们为周朝平定

---

❶ 一师为三千人左右,西六师共六师,驻守西岐,故称西六师,为天子嫡系部队。

02 三监之乱——如履薄冰的西周初年

天下立下了汗马功劳。

周公旦担心诸侯叛乱❶，以军力作为权力的后盾，在周成王即位之初，果断践阼，代成王摄政当国。"践阼"一词仅有两个含义，一是祭祀，二是登基考证参见附录6。也就是说，周公旦拥有了天子的权力。

周公旦的这一举动，引起了众人的不满。召公奭曾经怀疑周公旦有篡位之心，但后来被周公旦说服，消除了疑心。更为吊诡的是，史书上对姜尚牧野之战后的记载寥寥无几。这位伐纣首功之臣兼周武王岳父的传奇人物，很快离开了周朝的权力中心，如同人间蒸发般消失在历史长河中。

这场权力乱象远不止如此，周公旦摄政的消息传来，三监之一的管叔异常愤怒。在周文王的众多儿子中，长子伯邑考早逝，次子周武王也已病逝，周公旦排行第四，而管叔恰恰是排行第三的儿子。按兄终弟及原则，管叔理应接替周武王之位，成为天子。

理想与现实的距离，令管叔产生了心理落差。而周公旦的摄政当国，成为压死骆驼的最后一根稻草。

管叔很快对这件事做出了回应，他放出周公旦将加害周成王的谣言，同时联合三监中的蔡叔和霍叔密谋反叛。三监共同进退，他们拉拢武庚加入阵营，因为当时武庚麾下有一支由蜚廉统帅的商人主力部队。此外，三监还联合殷商遗族的旧势力，并且借这些旧势力，撬动了十几个与殷商关系密切的蛮夷部落。至此，以管叔为首的三监，公然对抗周公旦，史称"三监之乱"。

历史总是惊人地相似，三监之乱是商周版的三藩之乱。而管叔所处的

---

❶ 《史记·周本纪》记载："周初定天下，周公恐诸侯畔周，公乃摄行政当国。"

地位，与吴三桂大同小异，只不过他比吴三桂早了两千多年。

周公旦收到军情后，长长叹了一口气。大周的天下尚未尘埃落定，不承想却先生内乱。对周公旦来说，这次叛乱颇为棘手。管叔作为文王的三儿子，实力本就不弱，正因如此，当初周武王才会将管叔封在卫地，监视武庚。眼下三监联合以武庚为首的殷商旧势力作乱，后果不堪设想。

周天子军与叛军的实力难分伯仲，然而周公旦的逆鳞是诸侯叛乱，因为平叛是他唯一的选择。为了增加胜算，周公旦联合另一位权臣召公奭，出兵东征，史称"二次克殷"。

此次东征的战事异常艰苦，持续的时间超出了人们的想象。当年牧野之战从出征到结束，仅仅用了一个多月的时间，而二次克殷的战争长达三年之久。

最终，周公旦平定了三监之乱，诛杀了管叔，放逐了蔡叔。武庚见大势已去，向北逃窜至朝鲜半岛。❶

此外，周公旦还在平乱中将蜚廉驱逐至东海之滨，随后将他诛杀，同时率军灭亡了参与叛乱的蛮夷部落。❷

蜚廉战死，他的后人在战乱中从东海之滨迁徙到今陕西、山西北部。在数百年后，他们分别建立了秦国和赵国。

周公旦的二次克殷之战，是一场真正奠定大周王朝八百年国祚的战争。

---

❶ 武庚的下场有两种主流说法。其一，武庚被诛杀；其二，殷商王叔箕子已渡海逃至朝鲜，武庚战败后，北上投奔箕子。鉴于召公奭最终被封于燕国，笔者倾向于第二种说法。

❷《孟子·滕文公章句下》记载："（周公旦）驱蜚廉于海隅而戮之，灭国者五十，驱虎豹犀象而远之。"

02 三监之乱——如履薄冰的西周初年

周人自关中盆地兴起,常年偏隅在商王朝的西北部,他们统治天下的经验浅薄。周公旦为了大周江山社稷稳固,采取了一系列措施,这些措施对春秋战国乃至后世产生了深远影响。为此,汉代大思想家贾谊是这样评价的:"文王有大德而功未就,武王有大功而治未成,周公集大德大功大治于一身。"

二次克殷后,周公旦采用诸侯制,分封天下。这些诸侯国又分为姬姓诸侯国与异姓诸侯国。武王伐纣的首功之臣姜尚作为异姓诸侯,被封在东海之滨,即后世的齐国。周公旦的儿子伯禽,被封在齐国东南方向的曲阜地区,即后世的鲁国。周公旦的胞弟姬卫,被封在齐国西面的朝歌附近,即后世的卫国。而召公奭的儿子姬克,被封在齐国北面的蓟州附近,即后世的燕国。

鲁国、卫国、燕国同为姬姓诸侯国,他们三面包围齐国,将齐国困于东海之滨。由于武庚逃往朝鲜,燕国又成为镇守周王朝北境的重镇。

此外,殷商后裔微子启建立的宋国,北有卫国,东有鲁国,这两国对宋国形成钳制之势。由于宋国西面无人镇守,周公旦在成周雒邑附近建立新城,成周雒邑成为钳制宋国的另一枚棋子。

为了加强周王室的实力,周公旦扩建了周人的军队,他将天子军分为西六师、殷八师[1]。

最后,周公旦分析了商王朝五百年统治的利弊,并吸取了三监之乱的教训,制定出了一套适应时代的统治思想,即礼乐制度。礼乐制度具有划

---

[1] 殷八师共八师,驻守殷商故地,故称殷八师。后因周公旦兴建成周雒邑后,殷八师调往成周雒邑驻守,殷八师从此又被称为成周八师。

时代的意义，它的影响绵延了数千年，至今影响着华夏文明圈。后世历朝历代或多或少都对礼乐制度有所继承和发展。

周公旦将"君命天授"的思想加入礼乐制度中，他以天命为号，禁锢人民的反抗精神，后世的传国玉玺上刻有"受命于天，既寿永昌"八个大字，也是君命天授的具体表现。

地缘政治和礼乐制度是本书讲述春秋的重要维度，这两点在后文中多有提及，在此不再赘述。

周王朝的建立，掀开了中国历史的新篇章。数百年后，周平王东迁成周雒邑。不久后，传奇的春秋时代缓缓拉开了帷幕。

03 平王东迁
——春秋时代的前夜

公元前771年，周王室的太子姬宜臼日子过得很不太平。西周经历了近三百年的折腾，已经成为末代商王朝的复刻版。周王室的实力江河日下，姬宜臼的父亲周幽王考证参见附录7不仅没有中兴王室的打算，反而日益沉迷女色。这一年，周幽王废除了他的太子之位，立宠妃褒姒的儿子姬伯服为太子。

褒姒是周幽王抢来的女人。当年周幽王举兵攻打褒国，褒国战败后，献出褒姒乞和。周幽王对年轻貌美的褒姒一见倾心，从此对她恩宠有加。可是在礼乐制度下，褒姒出身不正，她的子嗣绝不可能成为太子。周幽王不顾众人反对，一意孤行，这一举动，激怒了太子姬宜臼的支持者。

姬宜臼的生母申后，是申国国君之女，也是当今天下的王后。申后为了保住儿子的王位，不得不动用手上唯一的底牌——向父亲申侯求援。

申侯父凭女贵多年，他一心盼望着外孙即位。自褒姒入宫后，他不得不对天子的后宫之事加以关注。不承想，如今周幽王会触碰他的底线。眼下，摆在申侯面前的只有两条路，一是继续忍气吞声，任由姬伯服继位；二是铤而走险，帮助外孙姬宜臼登上太子之位。最终，权力对申侯的诱惑超越了生死，他联合周边小国与犬戎，举兵作乱。

周幽王得知申侯叛乱的军情，展现了一代昏君应有的战略视野，他当即御驾亲征，率天子之师西征申国，并且成功地战死沙场，将自己永远留在了申国境内的骊山脚下。

天子驾崩为姬宜臼扫除了登基障碍，这位太子在外公申侯的扶持下坐上了天子之位。让他万万没想到的是，这把椅子下面，布满了荆棘。

犬戎部落有自己的野心，他们并不是为了一个共同的理想，不远万里来到关中。在周幽王驾崩后，犬戎并没有离开，而是继续东进，并一举攻破镐京，在城内烧杀抢掠，无恶不作。

周王室军力衰微，又在骊山损兵折将，周平王姬宜臼麾下的天子军有心杀敌，无力回天。为了驱逐犬戎，天子昭告天下诸侯，前来勤王救驾。

晋文侯、郑桓公考证参见附录8、秦襄公、卫武公奉王命共同出兵，合力驱逐犬戎。然而周平王面临的麻烦远不止如此。一年前他弑父篡位，引起了许多王室成员的不满。镐京附近以虢国为首的诸侯国，拥立周幽王的弟弟姬余臣为天子，史称周携王。至此，开创了周朝少有的二王并立时期。

此时晋、郑、秦、卫四国联军尚在，可保周平王性命无忧；如果联军撤兵，无论是犬戎来犯，还是周携王作乱，周平王都无力抗衡。

虎视眈眈的犬戎，暗流涌动的王畿，残垣断壁的镐京，西周立国时的鼎盛已如过眼云烟。对周平王来说，镐京已不适合作为他的立足之地。为了保住天子之位，周平王决定，趁着联军尚未撤兵，将国都迁往成周雒邑。

传承了近三百年的西周王朝彻底结束，历史迈入了东周时代，此次迁都史称平王东迁。

平王东迁后，王畿之地仅有六百里大小，其中还有部分在黄河以北，不仅统治成本高昂，而且与当时的强国卫国相邻。此时周平王的心酸，犹如寒天饮冰水，点点滴滴在心头。

对周平王来说，中兴王室难如登天，如今他考虑更多的是如何将东周的江山社稷传承下去。为此，他做了一番权谋。

申侯作为周平王荣登天子之位的首功之臣兼外公，在平王东迁后前往谢地，以天子之亲的身份坐镇成周雒邑之南的南阳盆地，申国在整个平王时代地位异常尊崇。

在辅助东迁的晋、郑、秦、卫四国中，秦国的实力最为弱小，其始祖秦非子原本是恶来之后，因祖上西边养马有功，被周天子提升为西周的附庸国，从此秦国成为周王朝戍守西陲的第一道防线。

周平王将秦国封为公国，同时将岐山以西之地赏赐给秦国做封邑。此时岐山以西各个蛮族部落崛起，周携王仍在关中称王。这块土地乃是非之地。周平王将这块土地赏赐给秦国，无异于以利益为饵，诱使秦国成为他的一颗棋子，一来可以制衡周携王，二来可以成为抵御犬戎的屏障。

此时的晋国远在山西翼城，而且公元前770年的晋国，不过是西北一个中等诸侯国。对周平王来说，晋国更像一块鸡肋，食之无味，弃之可惜，因此周平王对晋国做了象征性的封赏。

卫国与郑国和东周王畿的关系则敏感得多，这三方势力彼此接壤。卫国在成周雒邑的东北方向，郑国在王室的正东方向。其中以卫国的实力最强考证参见附录9，郑国次之，王室实力最弱。

将这三方势力从地图上抽离出来，与后世魏蜀吴的战略形势很像。周平王为了平衡诸侯之间的关系，在东迁之初选择了联郑制卫的战略，毕竟郑桓公是他的堂叔，在血缘宗亲上关系更密切。于是周平王将郑桓公从司徒的职位提升至卿士，卿士相当于后世的相国，是一人之下万人之上的要职。此外，周平王还将自己的堂妹武姜嫁给郑国世子姬掘突。郑国在周平王的有意扶持下迅速崛起，成为平衡卫国势力的重要棋子。

值得深思的是，周平王对卫国的封赏，仅仅是将他们从侯爵国升为公爵国。在周公旦扩建天子军时，曾经有过天子六军、大国三军、中国二军、小国一军的制度，然而自从共和时代以后，卫国已经是名副其实的大国，此时周平王以公爵作为封赏，实则虚有其名。

除了晋、郑、秦、卫四国外，齐国远在东海之滨，南靠泰山，西有黄河，东临大海，他们纵有渔盐之利，却受到鲁国和卫国的钳制。

宋国作为殷商后裔，北有卫国，东有鲁国，南有陈蔡，西有成周雒邑，随着郑国前往雒邑以东，宋国面临郑国的侵蚀，郑宋两国成为日后的四战之地。

此时天下各路诸侯的实力大致均等，能形成这幅局面，不得不佩服周公旦在分封天下时的远见。

公元前770年后，周平王与周携王东西并立的局面仅仅维持了二十年，晋文侯率兵袭杀周携王，替周平王解除后顾之忧。周平王大喜过望，作《文侯之命》一文对晋文侯大肆褒奖，充分肯定了晋文侯安定王位的历史功绩，鼓励晋文侯尽心辅佐周王室，同时授予晋文侯辅佐天子、代王征伐的大权。从此，晋国凭借征伐大权，在汾水流域讨伐异己，使晋国的疆域迅速扩张。

自古成王败寇，史书上鲜有周平王之死的细节，这个历史之谜，只有随着更多的考古文献出土，才有可能解开。

天下经过平王东迁的动荡后，很快陷入沉寂，然而平静的水面之下，正酝酿着一场时代的狂澜。

周平王在列强环绕中谋生存，如履薄冰。历史的车轮从来不会静止，它缓慢地向前滚动，碾碎了诸侯之间的均势。郑国成为东周时代第一个崛起的枭雄。

04 郑伯克段于鄢
——郑国的前世今生

在平王东迁后的数年，郑桓公去世，他的儿子姬掘突即位，史称郑武公。彼时周携王仍分立于关中，卫武公依然健在。周平王刻意扶持郑武公，并让他继承了父亲的卿士之位。

周幽王战死沙场后两年，郑桓公攻破郐国❶；后四年，灭东虢国❷。❸郑武公即位后，延续了郑国扩张的势头，连下十邑，将领土迅速扩大。随后，他开始图谋南下灭胡❹。

郑武公先将自己的女儿许配给胡国国君，以示友好。而后郑武公召集郑国群臣，商议对外用兵的策略。郑国大夫关思其本着一切从实际出发的原则，实事求是地分析了郑国的战略形势，最终建议攻打胡国。

关思其的建议说到了郑武公的心坎上，深得他的赞许。但是郑武公当场将关思其斩首示众，并且对群臣宣布，胡国是郑国的兄弟之邦，两国友谊源远流长，郑国绝不能与胡国兵戎相见，任何提议攻打胡国之人，关思其便是前车之鉴。

---

❶ 今河南省新郑市西北。
❷ 今河南省荥阳市东北。
❸ 《汉书·地理志》臣瓒《注》云："郑桓公寄帑与贿于虢、会之间。幽王既败，二年而灭会，四年而灭虢。"
❹ 胡国，姬姓诸侯国，位于今河南省漯河市境内。

事件始末传到胡国国君耳中，他心中畅快淋漓，更是对郑武公感激涕零，便暗下决心，今后胡国将死心塌地地跟随郑武公。

然而郑武公并不想要胡国的死心塌地，他只想要胡国死。当胡国对郑国不设防后，郑武公立即发兵偷袭，一举攻灭胡国。

郑武公吞并胡国只是他崛起之路上的小插曲。公元前758年，卫国的一代明君卫武公撒手人寰，卫国很快江河日下。此消彼长之间，郑卫两国实力的天平开始向郑国倾斜。

这段时期，郑国与周王室的关系密切。郑武公与周平王是堂兄弟的关系，而郑武公的夫人武姜是申国国君之女，与周平王是表兄妹的关系。这也是春秋时代的特色，天子与诸侯国君们共同组成了一张巨大的血缘关系网。

卫武公离开人世的第二年，郑武公迎来了自己的第一个儿子。郑国世子的出生并不顺利，传说武姜怀他时，曾经做过一个噩梦，腹中胎儿出生时，一只脚先迈出了娘胎，即民间俗称的难产。武姜为此在鬼门关转了一圈，世子出生后，武姜便为这个孩子起名叫作寤生。

寤有两种含义，一种是从噩梦中惊醒，另一种便是难产。姬寤生不是一个好名字，却被写在了郑国家谱中，并载入了史册。

三年后，武姜再次怀胎，并且顺产生出了第二位男婴，起名为段。段后来被封在共地，因此历史上又称他为共叔段。

姬寤生与共叔段本是一奶同胞，而武姜厌恶寤生，对共叔段则偏袒有加。一个人的成长环境会影响他的性格。有时候，生于帝王家也是一件悲惨的事。姬寤生自幼缺乏母爱，童年时期的生活时常让他胆战心惊。所幸他心中别有天地，城府极深，他很早便察觉到母亲武姜偏爱弟弟，他选择了隐忍。

相反，共叔段在母爱的滋润下，性格开朗，风度翩翩，言谈中妙语连珠，十分讨喜。

随着两个孩子渐渐地长大，武姜越来越偏心，她总想让丈夫废长立幼，改立共叔段为国君继承人。郑武公对此事不置可否，迟迟不肯答应。

因为时代变了。

当年千亩之战，周宣王丧南国之师；二十年前犬戎作乱，天子仓皇东顾。周王室早已今非昔比，在天子所剩不多的底牌中，礼乐制度是最重要的一张。因为礼乐制度中内含天命思想，周平王有天命在身，尚且可以震慑诸侯。

郑武公身为周王室的卿士，利用代天子征伐的权力，吞十邑，灭胡国，得到不少好处。于公于私，他都应该为维护礼乐制度做出表率。废长立幼是公然违背礼乐制度，这件事，郑武公不能做。退一步说，周平王有弑父篡位嫌疑，先王废长立幼，逼太子一脉起兵谋反，这件事也是周平王的逆鳞，绝不能碰触。

武姜机关算尽，都不能改变丈夫的心意。公元前744年，郑武公去世。姬寤生作为世子，继承国君之位，正式登上了郑国的权力中心，史称郑庄公。

这一年，郑庄公十三岁，共叔段年仅十岁。十岁少年若想谋逆，背后必然有一股庞大的势力，武姜便是站在共叔段背后的那个人。

尽管木已成舟，但武姜依旧贼心不死，她以郑国太后之尊，召见郑庄公，要求将制地封给共叔段。郑庄公闻言，不禁眉头紧锁。

制地，即后世的虎牢关。制地南连嵩岳，北临黄河，山岭交错，是进出洛阳平原的重要关口。"虎牢"二字的由来，则是因为周穆王将猛虎圈养于此地。

制地原是东虢国所有，后被郑国侵占。郑国制地在手，可以西挡洛阳，北却黄河，可以说，制地是郑国北部最重要的一扇大门。武姜与周王室有着千丝万缕的关系，若是制地落于共叔段之手，一旦武姜出面向周平王借兵，天子军将如入无人之境，直抵国都新郑。

年仅十三岁的郑庄公展现了极深的城府和极佳的眼光，他抛出了一个让武姜难以拒绝的条件。郑庄公说，制地险峻，当年祖父讨伐时，东虢公便死在制地。除了制地，任何一个地方，我都答应。❶

武姜得寸进尺，她顺势向郑庄公索要京城作为共叔段的封邑。京城规模不小，位于制地与国都之间，是郑国北方重镇。而这一次，郑庄公没有拒绝母亲武姜。

郑国群臣得到消息后一片哗然，因为郑国有祖训，国内城墙超过三百丈的城池绝不可以分封给任何人，京城的城墙恰恰超过了三百丈，共叔段被封于京城之事有违祖训。

郑庄公手下第一谋臣祭仲为此事连夜进宫进谏，他劝郑庄公说："共叔段的城池超过三百丈，此事将是郑国的隐患，先王祖训不允，您将来也难以承受。"

郑庄公隐晦地提醒对方说："这是母后的旨意，我也无可奈何。"

祭仲连连摇头道："武姜贪得无厌，您不如早做打算。野草蔓延尚且难以治理，人的贪念蔓延滋长，更将祸患无穷。"

祭仲所言，郑庄公又何尝不知？尽管他身为一国之君，却也有苦衷。时年郑庄公十四岁，与太后兼周天子表妹的武姜相比，他的政治资本还不

---

❶《左传·隐公元年》记载：公曰："制，岩邑也，虢叔死焉。佗邑惟命。"

够雄厚，若贸然反抗武姜，不仅忠义孝道两难全，更有性命之忧。

郑庄公心中已有对策，他对祭仲说："多行不义必自毙，你不必着急，暂且耐心等待。"

祭仲闻言若有所思，当下不再劝谏。

共叔段得到京城后，兴高采烈地带着随从前往。在他离开国都新郑前，武姜与他密谈，武姜说："你兄长将京城给你做封地，心中怨恨不已，你不要放松警惕。前往京城后便着手准备，一旦条件成熟，你便起兵偷袭新郑。到时候，我会做你的内应。"

共叔段自幼深受母亲武姜的宠爱，对她言听计从，一行人抵达京城后，便大肆发展自己的势力。几年后，京城已成为国中之国，郑国西部和北部边境陷入了同时听命于新郑与京城的尴尬境地。

郑庄公的谋臣公子吕忍无可忍，劝谏说："天无二日，国无二主。大王，您究竟有什么计划？您若打算将国君之位相让，下臣现在就去投奔他；您若没这个打算，请尽快除掉共叔段。"

郑庄公回答："不急，现在还不是时候，他会自食其果的。"

共叔段在郑庄公的刻意纵容下，不久后又将势力范围扩大至廪延❶。

郑国群臣人心惶惶，郑庄公却像木头般一动不动。而且这根木头不动的时间有点久，一直隐忍了二十二年。

这些年，共叔段在武姜的扶持下，已经有了国君的气象，他经营的京城也出现了与国都新郑分庭抗礼的势头。

在公元前722年的冬天，共叔段自觉时机成熟，他密信武姜，请武姜作

---

❶ 今河南省延津。

为内应，在约定的时间安排人手打开新郑城门。此外，他为了增强实力，派儿子公孙滑前往卫国请求援军，并向卫国许诺，事成之后必有重谢。

让共叔段万万没有想到的是，他的哥哥郑庄公为了这一天已经等了很久，对方早有计划，并准备将他和母亲一网打尽。

郑庄公对共叔段的行军路线了如指掌，他命公子吕率兵车二百乘埋伏在京城附近，等共叔段的大军走远便偷袭京城，务必将京城拿下。

事情的发展都在郑庄公的预料之中，共叔段自以为偷袭新郑，没想到反被偷袭。公子吕按照计划，兵不血刃拿下京城。当京城失守的军情传至共叔段耳中时，他立刻陷入了进退两难的境地，京城失守，则意味着自己的偷袭计划暴露。对共叔段来说，后方无路可退，前方新郑已有准备，若想强攻，难如登天。

正在共叔段左右为难、无从选择时，郑庄公安插的间谍趁机煽动士兵哗变，一时间逃兵无数。共叔段见大势已去，只好匆匆逃命。

一场蓄谋已久的叛乱转眼宣告失败。共叔段的下场是一个未解的历史之谜，《左传》与《史记》中记载共叔段逃回共城，《公羊传》和《谷梁传》中则记载郑庄公杀死了共叔段。

这一年，是公元前722年，也是《春秋》记载的元年。郑伯克段于鄢，揭开了春秋时代的序幕。乱世，将至。

05 黄泉见母
——以孝为名的权谋

以郑庄公的城府和手腕，若想整治共叔段并非难事。然而他却隐忍多年，迟迟不肯动手，其中最大的原因在于他的生母武姜。

自古以来，百善孝为先。武姜身为太后，无论她做了多么荒唐的事情，郑庄公作为儿子，都很难将她治罪。只要武姜一日不倒，共叔段便有东山再起的机会。如何处理武姜，是让郑庄公最棘手的事情。能彻底扳倒武姜的罪名，唯有弑君篡位一条。

既然郑庄公说过，多行不义必自毙。如何让武姜不义，这是一门学问。对郑国的臣民来说，最大的不义，莫过于弑君篡位。

武姜想让共叔段成为国君的执念太过深重，郑庄公通过放纵共叔段，引诱对方叛乱；并且他在这个过程中因势利导，始终盯紧武姜的所作所为，给对方造成一种谋逆大事可成的假象。

当共叔段和武姜二人决定弑君篡位时，郑庄公早已布局多年，他用雷霆手段镇压，将对方一网打尽。

郑庄公在平定叛乱后，立刻将武姜赶往颍城，并托人带了一句话："不及黄泉，无相见也。"他用了二十二年时间，终于推翻了长久以来压在他心头上的那座大山。郑庄公的隐忍、城府、手腕以及心性，让他具备了一代枭雄的所有气质。

可惜，郑庄公还是低估了春秋乱世的复杂程度，在这个牵一发而动全身的时代,他将亲生母亲放逐到颍城,为攻讦他的敌人留下了把柄。

接近五十年前,周平王一脉为了平衡卫国势力,全力扶持郑国。此时天下大势,与当年不可同日而语。郑国在迅速崛起,而卫国却急速衰颓,此消彼长之间,周、郑、卫三股势力的关系发生了变化。

郑庄公在此次平乱中展现出来的城府与心机令人心惊。周平王的一生,都在各路诸侯国的势力夹缝中求发展,或许他的心中也隐藏着让周王室恢复昔日荣光的梦想。如今周平王垂垂老矣,他用来与郑国联姻的表妹被郑庄公放逐。这一切,显得不尽如人意。

周平王见郑庄公逐渐脱离了掌控,开始谋划制衡郑国。除此之外,与郑国接壤的卫国、宋国、陈国、蔡国等诸侯国,因为地缘问题与郑国摩擦不断。这几股势力不约而同地将目光放在了郑庄公放逐生母的事件上,郑庄公的不孝之名甚嚣尘上。

周朝以礼治天下,非常看重孝道。一时间,郑庄公也有些后悔,可是狠话已经说过了,君无戏言,这事不好反悔。可是不解决问题,舆情又令他很难受。

郑国颍谷的地方长官颍考叔听说这件事以后,想到了办法。颍考叔借故向郑庄公进贡一些东西,郑庄公则赏赐给他一些食物作为答谢。二人一起吃饭时,颍考叔故意把肉留下来没吃。郑庄公很好奇,问他为什么不吃。颍考叔回答:"我有老母亲,我孝敬她的食物,她都尝过了;但是她没有吃过您赏赐的肉,我想带回去给她尝尝。"

郑庄公听完很感慨,情不自禁地说:"你有母亲送,我却没有。"

颍考叔明知故问:"没有人是从石头里蹦出来的,国君,这究竟是怎么回事?"

郑庄公如此这般地将事情的原委和盘托出，颍考叔的目的达到了，直言道："这事好办，您就交给我吧！"

颍考叔回去后，便带领手下在洞里挖泉水，并且在泉水边营造了一个洞室，随后他将武姜接入洞中。

郑庄公明白颍考叔的用意，他带着郑国群臣以及各路诸侯的大使，一起前往洞中迎接母亲。在群臣与大使们的见证下，母子二人抱头痛哭，场面极其感人。至于郑庄公找这么多人来见证的目的，便尽在不言中了。

06 周郑交恶
——礼崩乐坏的起点

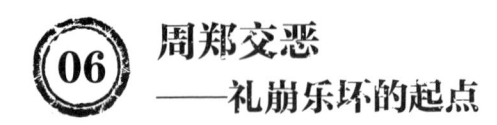

郑国的崛起势不可当,周平王对郑庄公更为忌惮。虽然史书上对周平王的记载不多,但周平王早年有弑父嫌疑,而后与周携王并立二十年,笑到最后,在诸侯环绕间维持周王室近五十年,他总归是有些手腕的。

周平王久坐天子之位,习惯于用平衡之术统御群臣。既然郑国利用卿士的身份,以代天子征伐的名义壮大自身实力,周平王决定再扶持一个诸侯,以制衡郑国,而这个诸侯的势力不能太强。他环顾四周,选中了西虢国的国君——虢公忌父。

西虢国是西周初期为数不多的公国之一,公国即最高等级的爵位,他们的历代国君都在周王室中担任重要职位。西虢国位于雒邑以西的三门峡附近,夹在周王室与西北晋国之间,与郑国和卫国均不接壤。尽管西虢国爵位很高,但是西周初期的公国由于地缘问题很快衰落下去,如今西虢国实力不强,但级别很高,担任卿士一职最合适不过。

公元前720年,周平王决定,将郑庄公卿士之位的权力暗中分给虢公忌父一部分。郑庄公得知后,大为不满,前往成周雒邑当面质问周平王。

周平王见状心头一惊,分权于虢公忌父一事秘而不宣,郑庄公却能立刻知道,说明有人走漏了消息。他不动声色地安抚郑庄公,分权之事并不存在。为了取信于郑庄公,周平王提出周郑之间交换质子,周平王将王子狐送往郑国做质子,郑庄公将郑国世子送往成周雒邑做质子,历史上将这一事件称作周郑交质。

周郑交质是周天子王权衰落的里程碑事件,也是礼乐崩坏的第一个标志。因为周平王将自己的天子之尊与郑庄公的诸侯身份画上了等号。后世对此众说纷纭,很多人想不通周平王为何纡尊降贵地与郑庄公交换质子,从任何一个角度分析,都无法解释清楚周平王的动机。尽管令人难以理解,但这就是事实。

更吊诡的是,周郑交质的两三个月以后,周平王驾崩。周平王执掌王室五十一年,经历了迁都动荡,他钻营维持几十年后,于公元前720年走完了人生最后一段旅途。

王子狐刚抵达郑国国都新郑,周平王便去世,这种巧合充满了阴谋的味道。天子驾崩,王子狐需要马不停蹄地离开新郑,赶回成周雒邑继承大统。此时,又一个巧合发生了,王子狐也离奇地去世了。

王子狐原名姬狐,是周平王的次子。周平王的长子姬泄早逝,而后王子狐被立为太子。前太子姬泄留有子嗣,名为姬林。

周平王在位五十一年,王子狐作为太子,他去世时年纪至少四十岁,没有留下子嗣的可能性极小,却没有任何一部史书对此有所记载。

这一系列扑朔迷离的巧合,让周郑交质的真相变得迷雾重重,迷雾的背后又透露出一丝阴谋的味道。

周平王与王子狐相继离世,前太子姬泄之子姬林成为下一任天下共主,史称周桓王。

周桓王的城府明显不及他的爷爷周平王,他即位之初,还没来得及将周平王下葬,便立刻任命虢公忌父为卿士,以分化郑庄公在周王室中的权力。

周桓王的举动加剧了原本紧张的周郑关系。郑庄公不甘示弱,同年四月,即周平王驾崩的一个月后,他命祭仲率兵前往温地骚扰。

祭仲率兵大摇大摆地来到温地城池外,通知守军郑国遭遇灾荒,他此行是为借粮而来。守军关闭城门,拒不借粮。

祭仲有备而来,守军的反应全在他的意料之中。郑军当即安营扎寨,祭仲下令士兵割取温地城郊的麦子。王室衰微,天子军驻守于黄河南岸,戍卫王畿之地,无力北渡黄河救援。祭仲在黄河北岸吃吃喝喝长达三个月之久,又下令全军开拔渡河,前往成周雒邑继续骚扰。

成周雒邑乃是王城所在,祭仲的所作所为,视天子威严如无物。是可忍,孰不可忍。周桓王怒不可遏,准备命天子军与郑军交战。

此时王室的辅政大臣周公黑肩急忙劝阻周桓王。周公黑肩是周公旦的后代,为人稳重且有城府。他看穿了郑庄公的骚扰意图。为防止冲突升级,周公黑肩硬生生地将周桓王的怒火压了下来。祭仲在成周雒邑郊野骚扰数日,发泄郑人怨气后,撤兵回国。

历史上将温地割麦前后的一系列事件,称为周郑交恶。

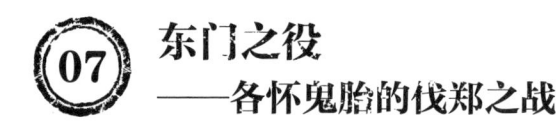

07 东门之役
——各怀鬼胎的伐郑之战

成大事者，能屈能伸。

在周郑交恶后，周桓王忍住郑庄公的挑衅，对自己的所作所为进行反思，他直接任命虢公忌父为卿士，正面对抗郑庄公的方式行不通，同时周桓王也意识到打击郑国之事需要借力打力，徐徐图之。如何凭借天子权威，利用郑国的地缘劣势，对其进行遏制，成为周桓王需要考量的事情。

春秋之中，弑君三十六，亡国五十二，诸侯国君被卿大夫流放、不能保全江山社稷者不计其数。

周桓王的耐心等待并不是徒劳的，在周郑交恶的几个月后，公元前720年，宋国国君宋穆公病重，他心知自己将不久于人世，但有一件心事未了，因此找来大司马孔父嘉，将自己的遗愿托付给对方。

宋穆公的遗愿背后，是一场兄弟情深的往事。十年前，宋国前任国君宋宣公病重之时，将兄弟公子和叫到病榻前嘱咐说："你我一世人，两兄弟，我的太子与夷年幼，打理江山社稷不如你，我决定立你为国君。"

公子和连连摇头："大哥，与夷是我的亲侄子，您将国君之位传给他，我必定尽心辅佐。"

宋宣公语重心长地回道："这是我临死前最后的心愿。"

公子和执意不肯，再三推辞。宋宣公长叹一声："明白了，兄弟，你是想让我死不瞑目。"公子和被逼无奈，只能答应对方。宋宣公去世后，公子和即位，成为宋穆公。眼下宋穆公也病重，他的遗愿便是将国君之位还给侄子与夷。

孔父嘉听完宋穆公的心愿，很是为难。公子与夷身为前太子，性格暴躁。相比之下，宋穆公之子公子冯的口碑则好得多。宋国朝中群臣更想拥立公子冯为国君。

孔父嘉身为宋国大司马，对此知之甚深，他在病榻前劝宋穆公："公子与夷难以服众，立他为国君，恐怕会君臣异心。大王，请您三思。"

宋穆公点头道："您说的我都清楚，所以才向您托付。您是先祖微子启之弟微仲的八世孙，在宋国地位尊崇，如今您又担任宋国大司马一职，掌管兵权。有您辅佐与夷，朝中群臣必会俯首听令。"

孔父嘉略微迟疑，才又开口："以公子与夷的脾气秉性，他若是做了国君，您的儿子公子冯恐怕会有性命之忧。"

宋穆公清楚孔父嘉的忧虑，回复说："你不用担心，郑伯的宠妾是我们宋国雍氏女子，我将他送往郑国，郑伯可以为他提供庇护。"

孔父嘉见国君如此坚持，只能应下此事。宋穆公去世后，公子与夷终于登上了自己心心念念的国君之位，史称宋殇公。而宋穆公之子公子冯，也前往郑国避难。

宋殇公没有宋宣公和宋穆公的胸怀，他向来视公子冯为心腹大患，一直想将对方除之后快。所以，郑庄公收留公子冯后，郑宋两国之间有了不小的矛盾。

周桓王了解郑庄公的手段，单凭一个宋国去攻打郑国，力有不逮。因此，周桓王并没有急于动手，而是派人与宋殇公保持联系。

时隔一年，郑国北方的邻国卫国发生了弑君叛乱之事。在卫国短暂的动荡中，叛乱的主角公子州吁向周桓王提交了一份投名状。

故事还要从二十多年前卫国一代明君卫武公去世说起。那是公元前758年，卫庄公接替父亲成为一国之君，他的夫人是齐国公主，也是著名的美女庄姜。《诗经·卫风》曾这样形容庄姜："手如柔荑，肤如凝脂，巧笑倩兮，美目盼兮。"

如此地位尊贵而又美貌的女子，人生最大的遗憾是没能为国君产下子嗣。后来卫庄公迎娶了陈国的一对皇室姐妹花，姐姐名为厉妫，妹妹名为戴妫。

姐妹二人的肚子明显比庄姜争气，她们为卫庄公共生了三个儿子，其中一个不幸夭折，其余两个，一个名为公子完，另一个名为公子晋。庄姜身为卫国夫人，将这兄弟俩当作亲生儿子一般悉心培养。

可是卫庄公又与后宫的一名宠妾生了一名庶子，名为公子州吁。公子州吁自幼展现出过人的才能，时常舞刀弄枪，研习兵法武艺，因此深得卫庄公的喜欢。

庄姜与陈国公主二人将一切看在眼中，她们担心卫庄公废嫡立庶，便将公子州吁当成了自己的心腹大患。

卫国朝中重臣石碏察觉到后宫中的微妙立场，他当面劝谏卫庄公："如果国君您想把公子州吁当作继承人，请尽快确定下来并昭告天下；若您没有这个打算，请不要溺爱公子州吁。"石碏的担忧不无道理，毕竟君心难测，国君若是有一日心血来潮，立公子州吁为继承人，势必会引起世子派系的反制，卫国动荡在所难免。

卫庄公没有听从石碏的劝谏，迟迟没有表态。公元前740年，卫庄公甚至将兵权交与公子州吁，把他立为将军。这一举动，让以庄姜为首的三位夫人忧心忡忡，朝中大臣们也猜不透卫庄公的心思。在混乱不清的局面中，卫国出现了两股互相对抗的势力。而公子州吁身旁最坚定的支持者，恰恰是当年劝谏的石碏之子石厚。

卫庄公不是一个好国君，他在位期间，卫国隐忧不断，国力江河日下。在公子州吁执掌兵权的五年后，卫庄公去世，按照祖上的规矩，嫡长子公子完即位，史称卫桓公。

卫桓公即位后，卫国的权力之争暂告一段落。此时，石碏的儿子石厚做了一个极为冒险的赌博，他将身家性命全部压在了公子州吁身上，继续死心塌地地站在对方身后。而在官场沉浮数十年的石碏则非常明智地选择急流勇退，他向卫桓公请辞，告老还乡。

卫桓公即位后仅仅两年，便开始对公子州吁动手，他下令罢免对方的将军职务，并将卫国兵权收回手中。兵权是公子州吁最大的倚仗，如今他手中无兵，迟早会被卫桓公寻到机会杀害。为了保住性命，公子州吁与石厚相伴外出逃亡。石厚的家族则因为父亲石碏的退隐而免受牵连。

将时间倒回公元前722年，郑国的共叔段决定弑君篡位，他命令儿子公孙滑北上卫国求援。公孙滑向卫庄公许以重谢，换取了对方的支持。同年，卫军南下出兵攻打郑国，并顺势侵占了郑国的两座城池，郑卫之间因此结仇。一年后，郑庄公为报复卫国，出兵北伐夺回失地。至此，两国之间的关系越来越紧张。

不久后，周平王驾崩，卫桓公按照规矩，动身前往成周雒邑吊丧。蛰伏十余年之久的公子州吁抓住这个千载难逢的良机，与石厚率领数百名死士，埋伏在卫桓公的必经之路，趁机将对方杀死。二人率领叛军一路北上，夺取了卫国国都。卫桓公之弟公子晋收到公子州吁叛乱的军情后，沉着冷静地组织心腹之臣，连夜逃往邢国。

07 东门之役——各怀鬼胎的伐郑之战

石厚人生中的那场豪赌，终于到了收获的季节。公子州吁篡位成功后，立刻将他封为上大夫。石厚从此一飞冲天，位极人臣。这二人仅有行军打仗的心得，却没有治理国家的经验，如今篡位成功，一个现实的问题摆在他们面前——如何在卫国站稳脚跟。

在二人一筹莫展之际，石厚想到了他的父亲，于是连忙回家向父亲请教对策。石碏纵横庙堂多年，眼光毒辣，他对时局的把握比其他人更准确。

卫国的劲敌郑国，在郑庄公的治理下犹如一头猛虎，卫国难以与之抗衡。此前两国关系紧张，如今卫国又发生了叛乱，公子晋远逃邢国，若此时郑庄公借卿士的征伐权力，以平定内乱为借口讨伐卫国，卫国必将遭受重创。如今之计，卫国只有先下手为强。石碏在权衡利弊后，决定给公子州吁一个机会，于是他将心中的计策和盘托出。

公子州吁最大的顾虑在于得位不正。如果能得到周天子的认可，一切问题便可迎刃而解。新天子即位后，周王室与郑国开始交恶，只要抱住周桓王的大腿，替他征讨郑国，天子龙颜大悦，十有八九会承认公子州吁的国君之位。

不过，卫国单独对抗郑国的胜算并不大，需要寻找盟友。如今宋殇公的心腹大患公子冯在郑国避难，公子州吁只要说服宋殇公出兵，郑国便在劫难逃。

最后，石碏还强调，此次伐郑，卫国一定要甘居人后，将战争的主导权交给宋国。如此一来，可以将郑国的怨气引到宋国身上。

石碏的这个方案将中原形势分析得清清楚楚，公子州吁听后茅塞顿开，急忙派使臣与周王室商议伐郑之事。周桓王听完卫国使臣的话，当即大喜，并以天子之名，命令与王室交好的陈国和蔡国一同出兵相助。陈蔡两国同样与郑国接壤，在郑国之南。随着郑国的崛起，他们与郑国也有不小的矛盾。

时任陈国国君的陈桓公并不知自己的两个外甥一死一逃，他决定奉天子之命，协助卫国出征。使臣将消息传回给公子州吁，他大喜过望，这才向宋国请兵。

公子州吁的使臣面见宋殇公时，恭敬地说："大王，您如果想攻打郑国，除去心腹大患，我们愿意奉您为主帅，敝国出兵出物，陈国、蔡国、卫国愿听从宋国调遣。"

这番话正中宋殇公的下怀，几方势力达成共识后，将矛头一致对准郑国。终于，公元前718年夏天，以宋国为首，以陈国、蔡国、卫国为辅的四国联军，集结兵车四百乘，浩浩荡荡杀向郑国东门，史称"东门之役"。郑国作为四战之地的地缘劣势第一次展现得淋漓尽致，参与伐郑的诸侯国对郑国呈现半包围的态势。

当年西周举全国之力伐纣时，也不过出动兵车三百乘，如今四国联军以兵车七百乘的雷霆之势，仅仅兵困郑国东门五天，远征而来的联军便分崩离析，撤兵归国，像极了一次四国军方的公费旅游。

然而这场不像战争的战争，一切变化都在郑庄公的算计之中。

郑庄公面对大军压境，丝毫没有慌乱，他冷静地分析了联军的态势。公子州吁出兵的目的是得到周桓王的认可，而且他刚刚篡位，国内政局不稳，还没有资本打一场持久战，所以他很快会撤军。陈国和蔡国是奉天子之命前来伐郑，作战的意愿不强烈。

所以，宋殇公才是东门之役的关键人物，他伐郑的目的是想要公子冯。既然如此，郑庄公顺势以公子冯作为诱饵，施展了一出调虎离山之计。他命令手下大肆散播公子冯人在长葛的消息。宋殇公果然中计，迫不及待地率军直奔长葛城。

07 东门之役——各怀鬼胎的伐郑之战

陈、蔡、卫三国统帅面面相觑，说好兄弟一场上阵杀敌，一抬头大哥不见了，这仗没法打了。四国联军中，宋、卫两国实力不分伯仲，陈、蔡两国则明显略逊一筹。此时陈、蔡不约而同地看向了卫国。

公子州吁的心思被郑庄公猜中了，他此次伐郑为求名而来，只决胜负，不论生死。事已至此，再耗下去也徒劳无功，不如撤兵。想到此，公子州吁扔下联军，撤回卫国。

陈、蔡两国大眼瞪小眼，这是什么情况？大哥二哥都跑了，以陈、蔡联军的实力，此战绝难取胜，两国只好作罢，各自率军回国。

宋殇公追击至长葛城，却收到了其他三国撤兵的消息。宋殇公孤军深入，实乃兵家大忌，他审时度势后，也决定暂时撤兵回国。

至此，郑庄公兵不血刃地取得了"东门之役"的胜利，堪称上兵伐谋的典范。若是郑庄公的应对稍有不慎，一旦双方兵戎相见，战局随时会失控，后果不堪设想。

州吁作为这场战争的主谋，回国后，却落入了石碏为他设计的一个局中。石碏为人谋略极深，做事稳如磐石，从当年劝谏卫庄公，到明哲保身告老还乡，再到为公子州吁谋划攻打郑国，每一步走来，都彰显了他的洞察力和手腕。这样一个人设计的局，是一个死局。

公子州吁与石厚回国后，石碏将儿子找来并对他说，陈桓公与王室关系密切，深受历任天子青睐。如果公子州吁能亲自去求陈侯斡旋，说不定能助他被册封为国君。

石厚对父亲的话深信不疑，回去后与公子州吁商议此事。二人觉得此法可行，因为前不久两国曾一起讨伐郑国，在战场上积累了深厚的友情。于是公子州吁和石厚准备了重礼，前往陈国进行国事访问。

二人前脚刚走，石碏便派人送给陈侯一封亲笔密函，信里将卫国叛乱之事交代得很清楚，并指认公子州吁和石厚是弑君篡位的乱臣贼子，希望陈侯替天行道，将这二人就地正法。

密函传至陈桓公手中，他这才得知事情的真相，如今自己的两个外甥一死一伤，陈桓公对公子州吁和石厚此时已恨之入骨。当这二人抵达陈国国都之时，陈桓公下令太庙相见。二人毫不知情，当他们怀揣着自己的春秋大梦迈入陈国太庙时，早就埋伏在旁的甲士鱼贯而出，将二人一举擒获。

陈桓公很聪明，他没有杀死二人，而是将缉拿在案的消息传回卫国。石碏收到陈桓公的回复，立刻召集卫国朝中群臣相见，并将陈国发生的事情如实相告。

群臣顿时明白了石碏的用意，众人商议，公子州吁弑君篡位，其罪当诛；石厚乃是从犯，其父石碏护国有功，功过相抵，可免一死。

事到如今，石厚已经成为整个石氏家族的污点，只要他活着，就会提醒卫国君臣曾经的这场弑君篡位的惨剧，这将成为日后政敌们攻击石氏家族的把柄，所以石厚必须死，而现在就是最好的时机。

因此，石碏说了一句话："身为臣子，应当公正无私，否则，不足以警示后世。"

最终，群臣推荐右宰丑前往陈国诛杀公子州吁，石碏则派家臣前往诛杀亲生儿子石厚。同时，石碏派人前往邢国迎回公子晋即位，史称卫宣公<u>考证参见附录10</u>。随后，卫国君臣将出兵伐郑之事推在公子州吁身上，以此缓和郑国与卫国之间的关系。

最终，东门之役以郑国的大获全胜而告终，然而，属于郑庄公的时代尚未到来。

08 袖里藏金
——郑庄公的权谋之术

尽管周王室声望一落千丈，时代不可逆地走向了礼崩乐坏，但很多诸侯国内部不是铁板一块，依然有人需要天子的正统旗号。公子州吁便是一个现实的例子，他篡位后急需天子授权，以坐稳国君之位。既然有需求，便会有交换，有交换便可以谋利。

的确，郑庄公以巧计取得了东门之役的胜利，周平王却同样收获了宋国这枚有用的棋子，只要郑庄公庇护公子冯一日，宋殇公便不会善罢甘休。宋国乃是殷商遗族，没有征伐诸侯的权力，但是没关系，周桓王对他的征伐纵容默许，甚至关键时刻还可以帮他一把。

郑庄公则吸取了东门之役的教训，他开始避开周桓王的锋芒，走上了韬光养晦、引而不发的路线。与此同时，他在等待报复四国联军的机会。

尽管卫国将东门之役的罪责尽数归于公子州吁身上，但郑卫两国近年来摩擦不断，卫国还曾参与共叔段叛乱之事，郑庄公并没有打算放过对方。

在礼乐制度下，诸侯之间有着伐丧不祥的约定，即诸侯国君去世时，其他人不得趁机对该国出兵征伐。

卫桓公被公子州吁杀害，卫国正值国丧，郑庄公身为周王室卿士，自然不会做出伐丧的举动。一年后，公元前718年初夏，因为内乱而停尸一年的卫桓公终于入土为安。

卫国国丧刚一结束，同年四月，郑庄公率兵入侵卫国，以报东门之役之仇。卫国元气尚未恢复，便向南燕国❶借兵抵抗。

郑庄公命祭仲、原繁、泄驾三位大夫率领三军作为前锋，攻打到卫国郊区，又派自己的长子姬忽与次子姬突❷率兵从制地出发，渡河北上，偷袭南燕国部队后方。南燕军畏惧郑国三军，却没有防备从后面偷袭的制地之师，被郑军两面夹击。同年六月，郑国二位公子率制地之师在虎牢关击败了南燕国的部队。

郑国得胜而归的同年，宋国向东扩张，他们掠取了郳国的土地。郳国是一个子爵国，位于今山东省邹城附近，因为实力弱小而且靠近鲁国，一直是鲁国的附属国。鲁国对此事件的态度含混不清，没有力挺郳国。此时郑国迅速崛起，郑庄公又凭借卿士之位在诸侯国中积累了不小的声望，而且郑宋两国又在东门之役中结仇。于是，郳国派人前往郑国求援，使臣游说郑庄公时说："请您出兵攻打宋国，以报仇雪恨，敝国愿为您的向导。"❸

郑庄公有意报东门之役的旧仇，便答应了郳国的求援。郳国与郑国之间隔着宋国，郑军若想前去救援，势必穿越宋国国境，这一战不好打。郑庄公并没有出动郑国三军，他凭借卿士的权力，调动天子军东进，前往郳国救援。❹

同年九月，天子军与郳国联军一路势如破竹，攻至宋国都城的外城。战况紧急，宋国群臣只能派人以国君之名向鲁国求援。

时任鲁国国君的鲁隐公与郑庄公有旧仇，当年他身为公子时，在狐壤

---

❶ 南燕国：南燕国为姞姓，始封国君伯儵为轩辕黄帝的后裔，建立燕国，位于今河南延津附近。后人为了区分，将定都在蓟地的燕国称为南燕，将北京的燕国称为北燕。

❷ 使曼伯与子元潜军军其后。顾炎武认为姬忽字曼伯，疑不确。姬突字子元。考虑后世繻葛之战中郑国三军统帅配置，此战应为姬忽统帅。

❸ 《左传·隐公五年》记载："郑人告于郑曰：请君释憾于宋，敝邑为道。"

❹ 《左传·鲁隐公五年》记载："郑人以王师会之，伐宋，入其郛，以报东门之役。"

之战中被郑国俘获，郑人将他囚禁在尹氏家族的领地中。后来鲁隐公重金贿赂尹氏，这才逃出生天，回到鲁国。因此，鲁隐公对郑庄公积怨已久，当他听说联军已经攻至宋国都城外时，本打算出兵援助宋国。然而在询问战况如何时，宋国使臣却谎称敌军尚未抵达国都。鲁隐公听罢大怒，当场揭穿使臣的谎话，并拒绝出兵。

鲁国拒绝救援，宋军只能孤军奋战。但宋国毕竟是殷商遗族，实力不弱，双方攻伐不断，打成了平分秋色的局面。同年冬天，宋殇公却趁战乱出兵，偷袭郑国境内长葛城，一来报郑庄公攻打宋国都城之仇，二来有传言此城是公子冯的藏身之地。

纠缠不清的战火持续了数月之久，随着次年春耕的到来，最终偃旗息鼓。因为春秋时期的生产力低下，军队中的士兵多是农民，诸侯国君们出于社稷的考虑，不会轻易误了农时。参战各国忙于春耕，终止了征伐。

郑庄公在此次报复宋国的行动中，凭借卿士身份调动天子军。此事引起了周桓王的不满，周桓王加大了打击郑庄公的力度，将他逐渐架空。

郑庄公面对周桓王的施压与宋殇公的纠缠，开始走远交近攻的路线，他将目光放在了遥远的齐鲁大地上。

自平王东迁后，周王室历任天子手中最强有力的武器便是礼乐制度。而史书上有一句话："周礼尽在鲁。"鲁国作为周公旦后人的封国，掌管着周礼的执行事项。无论是周王室祭祖祭天，还是周天子婚丧嫁娶，一切都需要由鲁国操办。在周礼之事上，天子都要敬鲁国三分。郑庄公动了与鲁国结盟的心思。可惜鲁隐公与郑庄公有过旧仇，为此，郑庄公特地派人前往鲁国弃怨修好。

郑庄公缓和了与鲁国的关系后，同年五月，他马不停蹄地对参与过东门之役的陈国展开报复行动，率军南下伐陈，数战数捷，取得全胜。

宋殇公丝毫没有畏惧咄咄逼人的郑庄公，他依然对郑庄公庇护公子冯之事耿耿于怀，并且他始终没有放弃对公子冯的追杀。同年秋天，宋殇公再次出兵伐郑，终于攻下了长葛城。然而此时，公子冯已经不知所踪。这一次，郑庄公没有立刻报复对方，而是又一次选择了隐忍，郑宋两国在一年后选择和谈。

因为这段时间，郑庄公的麻烦并非只有宋殇公一人。在郑国以西的成周雒邑，周桓王正对郑庄公步步紧逼，使他陷入被动境地。然而，郑庄公的隐忍没有为他换来喘息之机。两年后，周桓王将卿士之位一分为二，提拔虢公忌父为右卿士，又命郑庄公为左卿士。明面上郑庄公与虢公忌父共掌朝政，实际上郑庄公已然被周桓王架空。

在郑庄公与他人平分卿士之位的一年后，宋殇公没有按时朝见周桓王。这对郑庄公来说，是个千载难逢的伐宋良机。郑庄公便以天子之名，借口宋国不遵从礼乐制度，出兵讨伐宋国。

谁承想，螳螂捕蝉，黄雀在后。周桓王也抓住机会，向诸侯宣告郑庄公擅自行事，假借天子之名讨伐宋国，并且剥夺了郑庄公的左卿士之位。至此，郑庄公彻底陷入了外交困境。

为了破局，郑庄公开始缓和与周边诸侯国的关系，并坚定地走上了与鲁国和齐国结盟的道路。在他失去卿士之位后的同年，在时任国君齐僖公的推动下，郑国与宋国、卫国和谈，以放下东门之役中的恩恩怨怨❶。郑庄公为报答齐僖公，在同年八月带领对方朝见周桓王，齐僖公因此名声大振。郑国与齐国也形成了坚固的同盟关系。

---

❶ 《左传·鲁隐公八年》记载："齐人卒平宋、卫于郑。秋，会于温，盟于瓦屋，以释东门之役，礼也。"

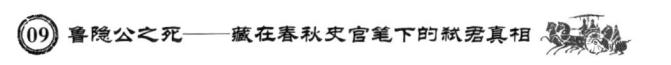

09 鲁隐公之死
——藏在春秋史官笔下的弑君真相

此后数年，郑庄公苦心经营郑国与鲁国、齐国的外交关系。正当他与鲁隐公的感情越来越深厚时，公元前712年，一个噩耗从鲁国传来——鲁隐公被人弑杀。

眼见郑庄公的辛苦谋划即将付诸流水，在郑鲁两国关系面临巨大动荡的时刻，鲁国弑君者却向郑庄公释放了想与郑国结盟的善意。这或许便是人生的惊喜，郑庄公真切而又悲痛地怀缅挚友鲁隐公后，转头奔向了现实的利益，同意了鲁国弑君者的请求。

鲁隐公元年，即春秋时代的起始年。他被人弑杀的背后，是鲁国数位国君之间的爱恨情仇。

故事要从鲁国第十三任国君鲁惠公说起。平王东迁后的两年，即公元前768年，鲁惠公即位。当时周平王仓皇东顾，周携王手握关中，天下出现二王并立的局面。鲁国远在东方，又没有勤王救驾之功，鲁国很难从诸侯国中脱颖而出。

所幸平王东迁后，越来越注重礼乐制度，而鲁国身为周公旦的后代，自从礼乐制度实行后，便是执掌周礼的唯一指定诸侯国。因此，鲁惠公走上了一条与其他诸侯国不一样的发展之路，他对内做出一系列改革，在强化礼乐制度的同时，一扫鲁国在诸侯国中的弱者形象。

鲁惠公在位期间，曾经举办过声势浩大的祭天活动，并邀请众多诸侯国前来观礼。以周礼祭天是天子的特权，为了防止被其他诸侯抓住把柄，鲁惠公以祖上周公旦的名义举行仪式。

春秋时期的人们深受礼乐制度的影响，他们坚信天命之说，并非常重视祭祀活动。鲁惠公这次祭天活动周到细致，大大提升了鲁国的声望，在诸侯国中逐渐树立起"周礼尽在鲁"的形象，并且鲁国慢慢成为当时东方的强国，深受周天子与其他诸侯国的重视。

然而，鲁惠公在晚年却做了一件有违礼乐制度之事。鲁惠公有一个庶出的儿子叫作姬息姑。在姬息姑成年时，鲁惠公为他定下一门亲事，让他迎娶宋武公的女儿——宋国公主仲子为妻。

可在仲子抵达鲁国后，鲁惠公见色起意，想将其纳为夫人。但鲁国自称礼仪之邦，一向以周礼治国，鲁惠公若是迎娶儿媳妇，此乃乱伦之事，将使鲁国名声尽丧。

鲁惠公如何在不违背周礼的情况下迎娶自己的儿媳妇，这是一个很有难度的问题。既然当时的人们信奉天命，那将这件事假托天命，问题自然迎刃而解。

很快，有一个谶纬之言在鲁国境内传播开来：宋国公主仲子出生时，手上有四个字——为鲁夫人❶。天命难违，鲁惠公必须顺应天命，迎娶仲子，并将她册封为鲁国夫人。

公元前731年，鲁夫人仲子产下一子，名为姬允，这便是鲁惠公的嫡长子。公元前723年，鲁惠公去世，时年姬允仅八岁。鲁宋两国相邻，宋国势

---

❶ 《左传·隐公元年》记载："宋武公生仲子。仲子生而有文在其手，曰为鲁夫人，故仲子归我。"

09 鲁隐公之死——藏在春秋史官笔下的弑君真相

力强于鲁国,若姬允即位,难保宋国不会通过鲁夫人仲子向鲁国渗透。因此,公元前722年,群臣拥立姬息姑为国君,姬息姑为了鲁国传承,最终同意摄政,史称鲁隐公。这也是春秋时代的起始年。

姬息姑只是摄政当国,本不应该称他为国君,然而鲁隐公之名,实为鲁国后人给予的谥号,隐字为谥号代表不尸其位,是指鲁隐公执政能力平庸,没有野心。

鲁隐公摄政不久,便发生了周郑交质、卫国公子州吁弑君篡位、宋殇公与夷即位、追杀公子冯等一系列事件,中原地区陷入混战。纵观这十多年的光阴,中原混战的核心国家是郑国和宋国。

在鲁隐公执政后期,郑国越来越强,鲁隐公与郑庄公的关系越来越密切,而鲁惠公的嫡长子姬允也越来越有危机感。

鲁隐公十年,郑国联合鲁国和齐国一同出兵击败宋国,这一战让鲁国得到了宋国的两个城池。因此,鲁隐公在国内的声望开始攀升。一年后,鲁国、郑国、齐国再次组成联军,攻打许国,大胜而归。鲁国的上升势头很猛,鲁隐公更是深受群臣信赖。

当年鲁惠公去世时,姬允不过是个八岁的孩子,此时已经过去十余年,姬允也已成长为十八九岁的小伙子。姬允即将成年,如果按照这个势头发展下去,姬允怀疑不能顺利拿回原本属于自己的国君之位。

鲁国朝中不少大夫也意识到局势很微妙。因为姬允成年后,鲁隐公将面临还政姬允的问题。在姬允十九岁那年冬天,即公元前712年,鲁国大夫公子翚来见鲁隐公,为他献上一计。

公子翚对鲁隐公说:"姬允即将成年,您迟早要还政于他。如今我鲁国联合郑庄公连战连捷,大王您在国内声望正隆,不如我们趁早将姬允除掉,如此一来，您可以正式登基成为国君，届时您让我做太宰，可以吗？"

公子翚曾经在齐、鲁、郑三国联军攻打宋国以及许国时立下汗马功劳，早已被他人视为鲁隐公的心腹重臣，他担心姬允即位后会将他清洗掉。《礼记》中提到，二十而冠，始学礼，可以衣裘帛。在春秋时代，男子最迟要在二十岁时举行成人礼。再有几个月的时间，姬允便满二十，按照规矩，他将登上国君之位。如今是鲁隐公派系最后的机会，公子翚为了自己的功名利禄，所以冒险劝谏。

鲁隐公没有城府，他当即否定了公子翚的提议，回答说："当年我因为姬允年幼，才摄政当国；眼下姬允即将成年，我正打算还政给他。"

公子翚听完这番话，仿佛被一桶冷水从头浇到脚。他原以为鲁隐公这些年联合郑国和齐国对外攻城略地是为日后篡位做准备，基于这个判断，他才有意帮鲁隐公谋害姬允。此事若成，他便是从龙之功，从此将成为鲁国群臣中的第一人。谁料鲁隐公丝毫没有这个打算。

所谓知不示人，示人者祸也。每个人都有自己的秘密，并不想被别人看透。而公子翚是一个很有心机的小人，他更不愿意被别人看透。公子翚劝鲁隐公诛杀嫡长子姬允之事一旦泄露，日后姬允继承国君之位，公子翚将落个满门抄斩的下场。

公子翚的人生信条是"人不为己，天诛地灭"，他得知鲁隐公的心思后，为了自保，立刻找到姬允，谎称鲁隐公正打算除掉对方，从而真正登上国君之位。

姬允本就担心鲁隐公不愿还政，此时听到公子翚的话，更是对自己的判断深信不疑。二人一拍即合，立刻密谋杀害鲁隐公之事。

二人商议许久，最终想出了一条祸水东引的毒计。话说当年鲁隐公在

09 鲁隐公之死——藏在春秋史官笔下的弑君真相

狐壤之战中被俘,而后在郑国大夫尹氏的帮助下逃回鲁国。从此,鲁隐公把尹氏家的护佑神祇供奉在一座院子里,经常去祭拜,结束后就住在附近的大臣芮氏家中。公子翚趁着鲁隐公祭拜时,率军将鲁隐公杀害,并将弑君之罪栽赃在芮氏头上。

鲁隐公一死,姬允刚好顺势即位,史称鲁桓公。紧接着,他将鲁隐公追认为鲁国第十四代国君;又以弑君之罪讨伐芮氏,将其灭门。

这条毒计天衣无缝,真相本应随着时间的流逝深埋于历史长河中,但古代的史官将这些不方便记录的事件,用特殊的笔法记录在青史中。

《春秋》史官在记述历史时,有一个潜规则,那就是如果国君被弑,同时弑君者又没有被讨伐,则不记载被弑者的葬礼。

芮氏顶着弑君之罪而被征讨,但《春秋》又没记载鲁隐公的葬礼。由此推断,真正的弑君者并不是芮氏。经后世史学家研究推断,真正的弑君者是公子翚与鲁桓公。

鲁桓公为了坐稳国君之位,比鲁隐公还积极地推动齐、鲁、郑的联盟。于是公元前711年四月初二,鲁桓公与郑庄公在越地正式结盟,誓词为"渝盟,无享国",意为背叛盟约者将国破家亡。至此,齐、鲁、郑铁三角正式成立。

⑩ 宋殇公之死
——一场改变时代格局的内乱

郑庄公经过多年谋划,远交近攻的外交策略初见成效,他正筹备新一轮的报复宋国的行动时,公元前710年,从宋国传来了一个令人震惊的消息:宋殇公跟随着鲁隐公的步伐,被人弑杀。

人生就是这样惊喜,就是这样意外。宋殇公之死没有任何阴谋的味道,相反,他的死处处充满意外。

故事还要从宋穆公托孤的重臣孔父嘉说起。在史书中,孔父嘉因为两件事而闻名。其一,他有一个后人,名丘,字仲尼,这便是号称"天不生仲尼,万古如长夜"的孔夫子;其二,孔父嘉有一个非常漂亮的夫人。

有一日,孔夫人在路上行走时,偶遇宋国大夫华父督。华父督从未见过如此漂亮的女人,他顿时意乱情迷,眼睛仿佛长在孔夫人身上,无法自拔。回家后,华父督茶不思饭不想,满脑子都是今日偶遇的女子,于是他命手下狗腿子外出打探对方的身世。下人很快便探得消息,回华府禀报,该女子乃是当朝大司马孔父嘉的夫人。

孔父嘉连任两朝大司马,执掌宋国兵权多年,可谓位极人臣。寻常官员若是敢打孔夫人的主意,那下场一定会很惨,轻则人头不保,重则会满门抄斩。

可是华父督不是寻常官员,他此时身为宋国太宰,这个官职相当于后世的宰相,乃是百官之首。而且华父督是宋国国君宋戴公之子,是根正苗红的皇亲国戚。按照辈分,国君宋殇公见到华父督也得尊称一声叔公。

10 宋殇公之死——一场改变时代格局的内乱

华父督地位尊崇,色令智昏之下,他既有贼心,又有贼胆。他苦思冥想,终于想出了一条为孔父嘉量身定做的毒计。

当年孔父嘉接受宋穆公的遗命,呕心沥血辅佐宋殇公。然而宋殇公是一位穷兵黩武的国君,他即位十年,对外征战十一次,宋国境内民怨载道。而孔父嘉身为大司马,这十一战的背后,都有他的参与和谋划。

华父督的毒计正是针对这一点,他将宋人的怨气引向孔父嘉,让民众误以为他是战争的罪魁祸首。这条毒计让孔父嘉有口难言,若是他出面澄清,无疑会将宋殇公拖下水。无奈之下,他只能忍气吞声,另想对策。

华父督做事雷厉风行,他没有给孔父嘉反应的时间,便率人冲进孔府,将毫无防备的孔父嘉一刀杀死,并将孔夫人抢夺回府。

宋殇公得知自己的心腹重臣被杀,勃然大怒,立刻派人召见华父督。华父督熟知宋殇公脾气暴躁,为防不测,他在面见国君前,偷偷在身上藏了一把凶器。

宋殇公盛怒之下,将华父督骂得狗血淋头,并扬言绝不放过华父督。华父督被逼之下,掏出凶器直扑上前,将宋殇公当场弑杀。

孔父嘉与宋殇公相继被杀,华父督顺势独揽宋国大权。但是他很聪明,没有自立为国君,而是派人前往郑国,请宋穆公之子公子冯回国。

公子冯见到宋国使臣,喜极而泣,他流亡多年,终于守得云开见月明。郑庄公对宋殇公之死乐见其成,他亲自将公子冯送至郑宋国界。公子冯回国即位,史称宋庄公。

宋庄公感激郑庄公多年的庇护之恩,他即位后,便与郑国修好。郑庄公执政后期,郑、宋两国再没有兵戎相见。

华父督自知弑君之事做得不光彩,他花费重金贿赂鲁国、郑国、齐国、陈国等诸侯国,换取诸侯们的支持。重利在前,诸侯们果然不再追究宋国弑君之事。

此时放眼中原,郑庄公坐实了春秋小霸的威名。齐、鲁、郑三国结盟,陈、蔡、卫三国已经与郑国和谈,宋国新君宋庄公更是力挺郑国。唯有楚国,在楚武王的治理下迅速崛起。然而此时的楚国,在中原诸侯国眼中,不过是偏隅南方的蛮夷,不足为患。

公元前710年,郑庄公在位第三十四年,春秋迈进了庄公小霸的时代。

11 箭射天子
——令天子跌落神坛的繻葛之战

在郑国风生水起之时,周桓王成为最缅怀宋殇公之人。毕竟宋殇公在位时,数次攻伐郑国,周桓王稳居成周雒邑,坐收渔翁之利。如今宋殇公一死,再没有诸侯是郑庄公的敌手。

更让周桓王忧虑的是,在郑宋相互攻伐的岁月里,诸侯们越来越不将天子放在眼中,"征伐自天子出"成为一句有名无实的口号。按照这个势头发展下去,用不了多久,周天子将从天下共主变成村头地主。

宋殇公死后的三年时间里,郑庄公成为整个中原最有号召力和声望的诸侯,风头甚至盖过了周天子。

公元前707年,周桓王忍无可忍,剥夺了郑庄公左卿士的头衔,至此,郑庄公彻底被周王室清洗。郑庄公声望正隆,他一怒之下,不再去朝觐天子。朝觐制度维系着周天子与诸侯之间的君臣关系,若是诸侯不履行朝觐义务,则会被视为大不敬,天子可以号召诸侯讨伐他。

郑庄公目无天子的举动彻底惹恼了周桓王,在周桓王在位的第十三年,他用行动证明了男人至死是少年。周桓王做出了一个极为大胆的决定——御驾亲征,讨伐郑庄公。这不像一个成熟的政客能做出的决定,更像是一个少年快意恩仇的莽撞。

自从平王东迁后,周王室式微,这是六十多年来史书上唯一一次天子御驾亲征的记载。在春秋时代,上至诸侯,下至国民,人们依然深受礼乐制度的影响。周桓王御驾亲征，没有诸侯敢冒天下之大不韪，与天子对阵沙场。

郑国的盟友鲁国、齐国、宋国即便出兵援郑，也有心无力，不出兵参与讨伐已经是仁至义尽。而陈国、蔡国、卫国则响应号召，派兵参与伐郑之战。

对于郑人来说，这次注定孤军奋战。

公元前707年秋天，周桓王亲率天子军为中军，虢公林父统率蔡、卫两国军队为右翼部队，周公黑肩统率陈国军队为左翼部队，三军浩荡，兵锋直指郑国。郑庄公面对来势汹汹的敌军，举全国之力，集结三军，对抗天子的征伐。双方在繻葛❶列阵，史称繻葛之战。

郑人面对天子联军并没有必胜的把握，他们在战前进行部署时，郑军营中却有一颗将星冉冉升起，他的出现改变了繻葛之战的走向。他便是郑庄公的次子姬突，即公子突。

公子突很早就展现了军事才华，他曾经与郑国世子一同率领制城之师战胜南燕军。这一战，他更是大放异彩，展现了极高的战略视野和判断力，他仔细研究天子军的排兵布阵，抓住了对手难以被察觉的破绽。

公子突向父亲郑庄公提议说："天子的左翼部队是陈国军队，陈军最近刚发生内乱，他们军心涣散，我军可以先对他们下手。一旦陈军被击溃，势必影响全军士气。而右翼部队的统帅虢公林父是虢国国君，他的声望压不住蔡、卫两国的部队。而且蔡国、卫国数次败于我军，若能扰乱他们的士气，蔡、卫两军极有可能临阵脱逃。天子没有左右两翼部队护卫，

---

❶ 繻葛：今河南省长葛县。

我们再集中兵力进攻中军，必能一战而胜。"

郑庄公听完儿子的话，陷入了沉思。公子突对战场外的局势判断得丝毫不差。在公元前707年一月时，陈国国君陈桓公忽然消失，经过半个月的搜索，陈国人终于找到了他的尸首。而在他失踪期间，陈桓公的弟弟公子佗杀掉了太子妫免，自立为君。陈桓公在位期间，一直没能发展壮大陈国，而公子佗的篡位使陈国从弱小变成既弱小又混乱。公子佗愿意随天子出征，谋划之事在战场外。一来加强与王室的联系，为自己的篡位之事寻求周天子的认可；二来可以转移国内矛盾，所以陈国自身的作战意志并没有那么强。

而天子右翼部队统帅虢公林父是虢公忌父的继承者，虢国一直是被周平王祖孙两代用来制衡郑庄公的棋子。虢国有名无实，实力远不及蔡国和卫国，虢公忌父作为右翼部队主帅，更像是一个被架空的傀儡。

郑庄公身为一代枭雄，从不优柔寡断，他果断采取公子突的战略，有针对性地摆出了鱼丽之阵。这个阵形呈倒"品"字形，是一个典型的攻强守弱阵形，特点是用减少中军兵力的办法，加强两翼攻势。郑庄公的战前部署，有很强的搏命意味，假如左右两翼被敌军拖入拉锯战，中军帅阵空虚，容易被对手直捣黄龙。

沙场征伐，难言必胜。郑庄公命长子姬忽，即世子忽率领右军方阵，进攻天子左翼陈军；又命祭仲率领左军方阵，进攻天子右翼蔡、卫联军；自己则与郑国重臣原繁和高渠弥统率中军，在后方掠阵，伺机而动。

战争的过程正如公子突所料，陈军一触即溃，蔡、卫联军也很快各自为战，天子军的两翼调度不及，战场指挥毫无章法。很快，天子军阵形溃散，节节败退。

郑军达成作战预期，他们很快三军会合，直取天子中军。战场厮杀正酣，郑军上将祝聃远远望见中军秀旗下有一人盔甲鲜明，气度不凡。祝聃当即张弓搭箭，一箭射去，正中那人肩膀。天子军顿时大乱，祝聃遇到这千载难逢的良机，正准备趁乱追击，一举歼灭敌军，却听到身后传来急促而密集的鸣金声，这是郑庄公急令收兵的信号。

原因无他，祝聃射中之人正是当今天子周桓王。所谓兵刃不加天子身，箭射天子，可谓十恶不赦之罪。郑庄公做事的尺度与分寸拿捏得非常好，所以他放弃唾手可得的大胜，立刻鸣金收兵；并且他在战后封赏有功之臣时，唯独没有封赏祝聃。

繻葛之战结束的当夜，郑庄公派祭仲去向天子请罪。周桓王惨败之后不再意气风发，他默默接受了郑庄公的请罪，率残兵败将回师成周雒邑。

郑军在繻葛之战中箭射天子，将高高在上的天子射落凡间。郑庄公也因繻葛之战的胜利，将自己的执政生涯推向了最辉煌的时刻。这一战永载史册，成为中国古代战争史中的经典战例。

⑫ 一山二虎
——郑国盛极而衰的端倪

繻葛之战结束后，周郑十几年来的爱恨情仇告一段落，周桓王放弃了对郑国的压制，将目光放在了其他诸侯国身上。齐僖公目睹了郑国的强势，他为了加强与郑国的盟友关系，打算将女儿文姜考证参见附录11嫁给郑庄公的长子——公子忽。

齐国与郑国联姻是一场双赢的政治交易，因此，郑庄公一口应下这门亲事，然而，他将此事转告给儿子时，却被公子忽断然拒绝。

公子忽说："人各有耦，齐大，非吾耦也。"用今天的话来说，便是萝卜白菜各有所爱，齐国公主虽好，但不是我的菜。

不可否认，公子忽是个好男人。几年前，他娶了陈国公主，两人恩爱有加。此外，齐僖公的几个女儿在诸侯间的口碑不好。或者确切一点形容，齐僖公三个女儿的口碑非常差。

公子忽纵然千般好，但有一个致命的缺点，他为人太傲气了。公子忽在成长过程中受到了郑国崛起的很大影响。他追随父亲南征北战，又立下了赫赫战功。在不久前的繻葛之战中，他担任郑国右军统帅，率军大破天子左翼陈军，天下青年才俊也不过如此。

但是公子忽身为郑国继承人，自己的婚配事关江山社稷，不可任性妄为，他拒婚文姜这件事，为郑国的命运带来了不确定的因素。

命运曾经给过公子忽一次挽救的机会。几年后，北方戎狄大举南下，入侵齐国境内。齐僖公不敌，派人前往郑国求援。此次郑军出征的统帅又恰好是公子忽，他率军千里驰援齐国，击退来犯的戎狄部落，大胜而归。

齐僖公大喜过望，他在宫内摆下庆功宴，宴请来援的各路诸侯。因为鲁国执掌周礼，齐人便让鲁国大夫安排庆功宴的座位次序。鲁国大夫思虑不周，以诸侯国爵位高低安排众人入座。

郑国的爵位不高，仅为伯爵，参与宴会的其他诸侯国爵位都高于郑国，因此鲁国大夫将公子忽安排在最后。公子忽在这一战中居功至伟，他对此十分不满，在庆功宴上的脸色并不好看。

可宴会期间，齐僖公越看公子忽越喜欢，再次提出将女儿嫁给公子忽。公子忽此时心中愤懑，听到对方的提议，当场回绝说："您上次提亲，因为我没为齐国做贡献，不敢迎娶齐国公主。如今我是奉父亲之命前来解齐国之急，若是今日娶齐国公主归去，难免有趁人之危的嫌疑，郑国臣民又将如何看我？"❶

齐僖公乃是一国之君，被后生当众拒绝，顿时心生不悦，他回答说："我有女如此，何患无夫？"

这件事留下的隐患，在五年后的郑国内乱中起到了推波助澜的作用。公元前701年，春秋小霸郑庄公与世长辞，享年五十七岁。在他离世后，郑国的继承者们却没有发现时代早已变化，属于郑国的辉煌已经开始缓缓落幕。

按照嫡长子继承制，公元前701年五月，姬忽在重臣祭仲的辅佐下，顺利登上了国君之位，史称郑昭公。可在郑庄公十余名子嗣中，有一个人对

---

❶ 《左传·桓公六年》记载："无事于齐，吾犹不敢。今以君命奔齐之急，而受室以归，是以师昏也。民其谓我何？"

郑昭公的国君之位产生了威胁,他便是在繻葛之战中崛起的那颗将星——公子突。

公子突的母亲是宋国贵族雍氏之女,名为雍姞。宋国作为殷商遗民,传承了数百年之久,他们又是西周初期鲜有的公爵诸侯国,实力不容小觑。当年宋穆公离世前,曾因为雍姞是郑庄公的宠妾而将公子冯送往郑国。公子冯能有惊无险地度过十年流亡生涯,雍姞功不可没。当公子冯归国后摇身一变成为宋庄公,雍氏一族便扶摇直上,成为宋国烜赫一时的名门望族。

郑昭公的母亲来自邓国,邓国是汉阳地区的小诸侯国。而且在郑昭公即位的四年前,邓国曾被楚国和巴国联军讨伐,战败后国势更是一蹶不振。

相比之下,这二人母系一族的实力相差很远。郑昭公在外交上几乎得不到邓国的支持。如果郑昭公为人不孤傲,同意郑庄公安排的政治联姻,娶齐僖公之女为妾,他可以用齐国的支持来弥补自己母系一族实力薄弱这块短板。

此外,郑昭公军事才能虽然不弱,但若是与公子突相比,后者显然更胜一筹。公子突除了在繻葛之战中大放异彩,还有相似的战例。

当年戎狄入侵时,公子突率军驱逐。他观察敌军部队军纪散漫,贪功冒进,没有协同作战意识。得胜时喜欢争抢战果,战败时又互不相救,先锋部队遇到伏兵必会逃跑,掠阵的部队不会上前救援,时常会出现首尾不相连的战况。

公子突对此制订了细致的作战计划,他在战场中设下三批伏兵,又命前锋部队与敌军交手后佯败撤退,将敌军引入埋伏圈,割裂对方的阵形,实现各个击破的战略目标。

这一战，郑军在公子突的指挥下，将戎狄军队打得屁滚尿流，令其大败而归。

公子突的身世背景与军事才能都胜郑昭公一筹，更重要的是，他还有一颗不安分的心，对国君之位产生了非分之想。公子突最大的倚仗便是宋国，于是他借助外公家雍氏，暗中与宋庄公密谋叛乱。

郑国对宋庄公有救命之恩。所谓受人滴水之恩，当涌泉相报，不知道宋庄公报仇时是否会点到为止，但他报恩时会让对方家破人亡。

因为郑宋两国大面积接壤，一个强大的郑国不符合宋国的利益诉求，所以宋庄公决定，在公子突的背后推一把。他逼公子突承诺，篡位成功后要给予宋国丰厚的回报。随后，宋国开始了颠覆郑国政权的阴谋活动。雍氏先引诱郑国重臣祭仲前往宋国，并趁机将其囚禁，以死威胁他拥立公子突为国君。

祭仲是一位谋士，但不是一位勇士，在生死存亡之际，他最终屈服于宋国的威胁。同年九月，祭仲在雍氏监军雍纠的陪同下回到郑国，并拥立公子突为国君，史称郑厉公。

郑昭公的母系一族实力孱弱，夫人的母国陈国实力也不强，而且他本人的军事才能又不及郑厉公，如今祭仲投敌求生，郑昭公见大势已去，只能仓皇北顾，逃去卫国开始他的流亡生涯。

郑厉公如愿成为国君后，郑国的内乱才刚刚开始。宋国为了控制祭仲，安排雍氏子弟雍纠迎娶祭仲的女儿，妇随夫姓，历史上将他的妻子称为雍姬。从此，雍纠常居郑国，成为一把悬在祭仲头上的利刃。

祭仲虽然贪生怕死，但多年的官场浸淫让他的手腕老到毒辣。他归国后没有尽心辅佐郑厉公治理国家，而是全力培植自己的党羽，以求自保。

13 树欲静而风不止
——郑国跌宕起伏的权力交替

郑厉公即位后，内忧外患不断，不仅祭仲专权独大，宋国也年年向他勒索大量钱财。虽然郑厉公的军事天赋出众，但他并不是一个优秀的政治人才。郑厉公习惯用军事手段解决政治问题，逐步将自己推到险地。

郑厉公在执政初期，积极拉拢鲁国和纪国❶。纪国与齐国有九世之仇，郑厉公拉拢纪国的举动，让曾经的齐、鲁、郑铁三角逐渐分崩离析。

公元前700年，郑厉公前往鲁国，与鲁桓公结盟。一年后，他再也忍受不了宋国无休止的勒索，联合鲁国、纪国的军队，与齐、宋、卫、燕四国的联军交战。

这一战，郑厉公发挥出应有的水平，在战场上赢得了胜利。可是政治和战争有很大不同，战争在结束以后往往会休战很久，政治却几乎一刻都不曾停歇，仅仅赢得一场战争并不意味着什么。

同年冬天，宋庄公联合齐国、陈国、卫国、蔡国联军，攻打郑国。五国中的四国有明显的伐郑动机——宋庄公要报复郑国，齐国因郑厉公与纪国联盟而对郑国心存不满，陈国是郑昭公夫人的母国，卫国是郑昭公流亡之国。

一力降十会，五国联军实力雄厚，郑厉公便是天纵奇才，也难为无米

---

❶ 今渤海蓬莱湾，山东省寿光、莱阳、烟台等地区。

之炊。联军一路势如破竹，最终攻破郑国都城。宋国更是拆了郑厉公的祖坟，将郑国太庙的椽子搬回国，用作宋国国都城门的椽子。

经此一难，郑厉公从稚嫩走向成熟，他默默吞下战败的苦果，将目光放在解决内忧一事上。公元前697年，郑厉公暗中联系自己的表亲雍纠，策划刺杀祭仲。

雍纠得令后，计划以宴请岳父为幌子，将祭仲骗到国都郊外的偏僻之地，并设下埋伏，伏杀祭仲。可惜英雄气短，儿女情长，雍纠提前将计划告诉了自己的夫人雍姬。

雍姬不仅是雍纠的夫人，更是祭仲的女儿。她得知丈夫的计划后，左右为难。古人云，出嫁从夫，雍姬的命运早已和丈夫绑在一起。此时距离雍姬出嫁仅有四年时间，四年的夫妻恩情远远抵不过父女情深。雍姬不知所措，最终回娘家问了母亲一句话："您说是丈夫重要，还是父亲重要？"

雍夫人不假思索地回答说："当然是父亲重要。谁都可以成为你的丈夫，但父亲只有一人。怎能相提并论？"❶

雍姬听完，不再犹豫，前去寻找祭仲。雍姬是个很聪明的女人，她并没有将丈夫的计划告诉父亲，只是对祭仲提了一个细思极恐的问题："雍纠为什么不在家里宴请您，而是安排在没有人去的偏僻郊外呢？"

祭仲贪生怕死而又老谋深算，在听到女儿的这个问题后，瞬间如同醍醐灌顶，被吓出一身冷汗。他顺着女儿提点的思路，推敲出雍纠正在谋划暗杀自己。祭仲当即派人将雍纠反杀，并把对方的尸首悬挂在街市上

---

❶ 《左传·桓公十五年》记载："人尽夫也，父一而已，胡可比也？"成语"人尽可夫"即出自此处，后被引申为其他含义。

13 树欲静而风不止——郑国跌宕起伏的权力交替

示众。

郑厉公得知计划败露，立刻冒死带着雍纠的尸首逃往宋国。他的所作所为或许有亲情的成分，但更重要的是向雍氏示好，寻求对方的庇护。因为郑厉公在宋国最大的政治资本便是雍氏，他逃往宋国并不是投奔宋庄公，而是投奔雍氏。此行他将雍纠的尸首带回宋国，可将罪责推给祭仲，顺势激起雍氏对祭仲的不满。倘若他弃雍纠的尸首于不顾，或许雍氏会认为郑厉公生性凉薄，从此不愿出手相助。

国不可一日无君，祭仲在郑厉公出逃后，马上将流亡卫国的郑昭公迎接回国复辟。郑国两度易主，可内乱远没有结束。

祭仲在培植党羽的过程中，与郑国的另一位重臣高渠弥结成政治同盟，而高渠弥和郑昭公一直不和。在繻葛之战中，高渠弥和原繁在郑庄公手下担任中军佐将，他立下战功后，深得郑庄公的青睐。在郑庄公打算提拔高渠弥时，当时身为世子的郑昭公表示强烈反对，他认为高渠弥人品不端，气量狭小，有才无德。

郑庄公对这一评价颇为认可，但郑国崛起之路上最需要的恰恰是人才，高渠弥文武双全，尽管他有才无德，郑庄公最终还是提拔他做了上卿[1]。

郑昭公的复辟为高渠弥带来了深深的不安。他是一个气量狭小之人，总认为郑昭公会寻找机会杀死自己。于是高渠弥先下手为强，趁郑昭公打猎的机会，将对方弑杀，并且很快拥立郑庄公的另一个儿子公子亹为国君，史称郑子亹。

---

[1] 周天子及诸侯皆有卿，分上、中、下三等，最尊贵者谓"上卿"。《左传·成公三年》记载："次国之上卿，当大国之中，中当其下，下当其上大夫。小国之上卿，当大国之下卿，中当其上大夫，下当其下大夫。上下如是，古之制也。"

事后，祭仲再一次流露出贪生怕死的本性，他作为郑国第一权臣，对高渠弥弑君之事不闻不问，任由弑君者拥立新君。对祭仲来说，谁做郑国的国君，都远没有自己的身家性命重要。

郑庄公死后六年，郑国国君三度易主，国力在权力交替的动荡中每况愈下。谁也没有想到，郑国的动荡至此依然没有结束。

公子亹即位后不到一年，时任齐国国君的齐襄公会盟诸侯，他率军驻扎于首止❶。

郑子亹准备让祭仲和高渠弥作为随从，一同前往。但郑子亹小时候可能与齐襄公有过一段刀光剑影的不愉快经历，双方结下了旧仇。祭仲恐怕此行凶多吉少，劝说郑子亹取消行程。郑子亹回复说："齐国强大，而且我的兄长郑厉公据守栎地，如果我不去参加会盟，恐怕齐僖公会率领诸侯讨伐我而迎立郑厉公。此行我不得不去，到时候也不见得受辱，更不至于被他杀死。"

祭仲本性难移，他害怕齐襄公将自己和公子亹一起杀掉，因此谎称抱恙在身，没有跟随前往。❷

事情果然如祭仲所料，公元前694年七月初三，齐襄公杀死郑子亹，车裂高渠弥。郑子亹死后，祭仲没有为国君复仇，而是前往陈国，迎接郑庄公的另一位儿子公子仪，将其立为国君，史称郑子婴。当时有人明里评价

---

❶ 今河南省睢县东南。

❷ 《史记·卷四十二·郑世家第十二》记载："子亹元年七月，齐襄公会诸侯於首止，郑子亹往会，高渠弥相，从，祭仲称疾不行。所以然者，子亹自齐襄公为公子之时，尝会斗，相仇，及会诸侯，祭仲请子亹无行。子亹曰：'齐彊，而厉公居栎，即不往，是率诸侯伐我，内厉公。我不如往，往何遽必辱，且又何至是！'卒行。於是祭仲恐齐并杀之，故称疾。"

13 树欲静而风不止——郑国跌宕起伏的权力交替

祭仲未卜先知，趋利避害，保住了自己的性命；暗里则讽刺他失去了忠臣之节。祭仲对此评价却坦然承认。❶

自公元前701年春秋小霸郑庄公去世至公元前694年郑子婴继位，短短七年时间，郑国国君之位四度易主，三位国君被杀，一位国君流亡在外。郑国用令人难以置信的速度由盛而衰，这不得不让人感慨历史的无常。

春秋时代仿佛是一座舞台，你方唱罢我登场。在郑国退场之时，南方霸主楚国正迅速崛起，走向了舞台中央。

---

❶ 《左传·桓公十八年》记载："七月戊戌，齐人杀子亹而轘高渠弥。祭仲逆郑子于陈而立之。是行也，祭仲知之，故称疾不往。人曰：'祭仲以知免。'仲曰：'信也。'"《史记》记载公子仪为公子婴，且高渠弥未被车裂，而是逃回郑国。

14 沈鹿会盟
——南方霸主的崛起

从西周到东周，楚国一直是非常特殊的诸侯国。周王朝传承夏商王朝，在上古三代中，有灭国不绝祀的潜规则。后人会发现，在商取代夏或者周取代商以后，败亡之国的后代会被保留下来，这是黄河流域特有的文化现象。

楚国兴起于长江流域，有着与黄河流域不同的文明特征。单纯从楚国的角度观察，整个春秋时代，都是长江文明融入黄河文明的过程。

楚国最初曾喊着"我蛮夷也，不与中国谥"的口号。到了楚庄王时代，楚庄王认可王孙满"治国之道在德不在鼎"的言论是文化融合的真实反映。

楚人部落的首领是芈姓熊氏，早在周文王执政时期，他们就参与了反抗商朝的千秋大业。武王伐纣后天下初定，周公旦在分封天下时，封楚国为子爵国，封地五十里。这是最低级别的封赏。❶

楚国建国之初穷困潦倒。当时的诸侯国都十分重视祭祀，楚国在祭祀时连贡品都无力筹备，深更半夜跑到相邻的鄀国偷回一头小牛作为祭品，

---

❶ 《礼记王制》记载："凡四海之内九州岛，州方千里。州，建百里之国三十，七十里之国六十，五十里之国百有二十，凡二百一十；名山大泽不以封，其余以为附庸间田。八州，州二百一十国。天子之县内，方百里之国九，七十里之国二十有一，五十里之国六十有三，凡九十三国。"五十里之国，是周天子对诸侯的最低封赏。

14 沈鹿会盟——南方霸主的崛起

才勉强完成祭祀活动。

在成康时代，周成王曾号召诸侯会盟，时任楚国国君的熊绎风尘仆仆地前往王城。他抵达王城后，被告知楚国没有进入殿内的资格，只能与蛮夷一起，在殿外的篝火旁守夜。

被人轻视的滋味并不好受，熊绎回国后率领楚人艰苦创业，他们筚路蓝缕，以启山林❶。

经过几代人的发展，楚国在江汉流域小有成就，征伐了周边很多诸侯国，被打的诸侯国纷纷向天子告状。于是，周昭王十六年，王师南征。

周昭王是西周第四任天子，时值周朝立国百年，正是国力强盛之际，王师这次南征势如破竹，楚人却是仓促应战。战争以楚人惨败告终，周昭王抢夺了楚人的很多珍奇异宝与青铜器才班师回国。

三年后，周昭王大张旗鼓地集结了王师全部力量，开始二次南征。可惜，骄兵必败，这一次，楚人准备充分，占据天时地利人和的优势，取得了战争的胜利。而且，天子周昭王也在这场南征中离奇死亡。❷

周昭王折戟沉沙后，楚国偏隅荆楚之地，经过几代人的开疆拓土，与当年不可同日而语。他们在不断对外征伐的同时，内部也不断上演着弑君的故事。

公元前741年，熊通弑君篡位，自立为楚武王。从此，楚国开启了春秋

---

❶ 《左传·宣公十二年》记载："训之以若敖、蚡冒筚路蓝缕，以启山林。"成语"筚路蓝缕"出自此处，原形容楚人穿着破烂衣服去开辟山林，后形容创业的艰苦。

❷ 史书上对周昭王第一次南征的记载比较详尽，例如出征时间、行军路线以及战利品等；但关于周昭王二次南征的记载非常少，仅有天子驾崩的记载。传说周昭王战败后仓皇跳船渡河，但这条船被楚人做了手脚，北渡黄河时，船沉江底，周昭王因此遇难。

霸主的征程。楚武王即位三年后，便开始对外用兵。他征伐果断，奇谋无数，谋求征服汉江平原的诸侯国，进而北进中原。

楚武王的夫人是邓国国君之女，郑庄公的夫人也是邓国国君之女，这两人是连襟关系。郑庄公小霸中原时，对楚国的崛起有所耳闻。公元前710年，郑庄公和蔡桓侯在邓国相会，郑庄公始患楚国❶。

与后世楚国和郑国的战争不同，当时两国并没有接壤，有汉阳地区众多诸侯国作为缓冲，郑楚两国并没有直接对立。

公元前706年，当郑国的嫡长子公子忽最后一次拒绝齐僖公的联姻建议时，远在长江流域的楚武王开始了讨伐随国的战争。

随国位于今湖北省随州附近，而"随州"这一名字正是源自随国。西周立国之初号称分封八百诸侯，随国并不出名。但在江汉流域，随国是诸姬之首。周公旦在分封天下时，为防止异姓诸侯国叛乱，便用同姓诸侯国将它们分隔开。分封在江汉流域汉阳地区的同姓诸侯国，主要为了抵御南面蛮夷对中原的入侵。到了西周后期，随国更是成为扼制楚国北进中原的桥头堡。

楚武王强攻随国不成，转而寻求与对方和谈。随国便派了一位名为少师的大夫前来楚军阵中商议和谈之事。

此时，楚国令尹斗伯比❷趁机向楚武王建议对汉阳诸姬使用离间计。

随国作为汉阳诸姬之首，实力很强。楚国若是强攻，不仅会花费巨大

---

❶ 《左传·桓公二年》记载："蔡侯、郑伯会于邓，始惧楚也。"
❷ 令尹：楚国在春秋战国时代的最高官衔，执掌政治事务，拥有发号施令的权力。令尹执掌一国之国柄，身处上位，以率下民，对内主持国事，对外主持战争，总揽军政大权于一身。斗伯比为楚国第一任令尹。

代价，还会引起汉阳诸姬的警惕，他们会抱团对抗楚国。如果楚国能分而治之，则会事半功倍。

如今随国在汉阳地区独大，它拥有不小的野心和欲望。楚国应该助长对方的野心和欲望，让随国不惜国力地盲目扩张。随国膨胀，必然会抛弃周边小诸侯国。汉阳诸姬内部离心离德，这出离间计便成了。届时，楚国伐随之事自然水到渠成。

因此在和谈过程中，楚国一定要向对方示弱，让对方轻视楚国。如此一来，对方没有后顾之忧，行事便会越来越肆无忌惮。

楚武王听罢连连称赞，他将军中精锐撤下，换上老弱病残的士兵。随国使臣少师迈入军营，看到楚军是一支徒有其表、名不副实的弱旅，顿时信以为真。他回国后，立刻请国君起兵追击楚军。

随国国君听到少师的汇报，心动不已。恰在此时，随国大夫季梁一眼看穿了楚国的阴谋，他向国君劝谏，楚武王一代枭雄，征战多年，对方手下绝对不可能是一支弱旅，或许是他故意示之以弱，设下陷阱引诱我们追击。所幸季梁力阻随国出兵，这才避免了随国陷入灭顶之灾。

遗憾的是，即使有季梁坐镇随国，也难以力挽狂澜。在楚国的推波助澜下，随国国君越来越宠信少师，逐渐疏远了季梁。令尹斗伯比的离间计初见成效。

令人匪夷所思的是，楚武王并没有趁机攻打随国，而是在公元前704年，拜托随国国君向周王室提出加升爵位的请求。

因为楚国一直号称"我蛮夷也，不与中国谥"，视礼乐制度如无物，周王室对他们不满已久，所以周桓王当即拒绝了楚武王的请求。

随国对楚国吃的这一记闭门羹喜闻乐见，非常愉快地将王室的态度转达给楚武王。楚武王心有不甘，他于同年秋天在沈鹿❶举行了春秋历史上声势浩大的会盟活动，史称沈鹿会盟。

在楚国影响力辐射下的十二个诸侯国纷纷到场，他们高度赞扬了楚武王的历史功绩，对楚国国君的历史地位给予了充分认可。会盟期间，诸侯们以拜见周天子的礼仪规格拜见楚武王。楚武王与各国代表充分交换意见后，决定顺应历史潮流，当场加冕登基，自立为王。与会者纷纷表示赞同该项决议。

楚国从西周初期的"筚路蓝缕，以启山林"开始，经过近三百年的不懈努力，终于完成了一次伟大的逆袭。从此，在法理上，大楚王朝与周王朝平起平坐，开创了僭越称王的先河。

沈鹿会盟前，楚国一共向周边十四个诸侯国❷发出了邀请，仅有黄国❸和随国缺席。

黄国位于楚国辐射区域的边缘，楚国仅派使臣前往表示谴责。但楚武王对随国便没有那么好的脾气。沈鹿会盟后，楚武王亲率大军，再次征伐随国。

---

❶ 今湖北省荆门市。
❷ 十四个诸侯国包括巴、庸、濮、邓、鄾、绞、罗、郧、贰、轸、申、江、黄、随。
❸ 今河南省潢川县附近。

15 剑指汉阳
——楚武王的开疆拓土

军情传至随国国都，季梁提出一个行之有效的方案：随国先向楚国投降，以楚武王的性格，必然不会接受。楚人蛮横的态度势必激起随国民众的反抗热情，届时随军再利用保家卫国的口号提振士气，对抗楚国。

但是这个方案遭到了少师的反对。少师深受楚国蒙蔽，他认为楚国是一支弱旅，随军应该迎头痛击敌军，避免被楚军拖入拉锯战，造成不必要的损耗。

随国国君野心膨胀，他认为季梁年迈，做事情太保守。随国乃是汉阳诸姬之首，论实力不弱于楚国。况且楚国不久前在沈鹿会盟上僭越称王，是周王朝的乱臣贼子，随国以姬姓诸侯国之尊，理应征伐楚国。于是随国国君决定，即日出征，迎击楚武王。

两军对阵沙场之时，季梁根据楚人以左为尊的习惯，判断楚武王一定坐镇左军，随军应该避其锋芒，攻击楚军的右军，借此打乱楚军阵形，以取得战争的胜利。

败事有余的少师当场驳斥，他曾经深入楚军大营，对敌军老弱病残的印象记忆犹新，他向国君建议擒贼先擒王，随军应该直捣黄龙，生擒楚武王。

随国国君近年来野心膨胀，他并没有把楚国放在眼中，便采纳了少师的建议，与楚军正面对攻。这一战，随军打得出了自己的风格，但是没有打出水平，在沙场上败得行云流水，浑然天成。最终，国君阵中败逃，少师被敌军俘虏。

惨败后，随国国君痛定思痛，终于明白季梁的良苦用心。木已成舟，后悔已然来不及，随国国君只能向楚国乞降。

楚武王如战前季梁所料，不接受随国乞降。此时令尹斗伯比赶紧劝谏："随国毕竟是汉阳诸姬之首，大王您刚刚在沈鹿会盟中称王，风头太盛，现在不是灭随的好时机。我们已经达到了立威的目的，不如暂且与随国和谈，避免招惹是非。"

此时正值春秋初年，礼乐制度的思想根植在东周列国的血液里。同姓诸侯国视彼此为兄弟之邦，随国汉阳诸姬之首的身份确实有一定的号召力。楚武王思量后，决定采纳斗伯比的建议，与随国和谈。

楚武王在长江中游地区树立了巨大的声望，附近的诸侯国纷纷归附。沈鹿会盟的一年后，巴国❶作为沈鹿会盟的参与者，向楚武王提出想与邓国建立友好关系，请楚国出面斡旋。楚武王的夫人是邓国国君之女，对她来说，此事不过是举手之劳。于是楚武王派人与巴国的使臣组成代表团，出使邓国。结果，代表团在途经邓国国境南部地区时，遭到了当地武装分子的袭击，一行人无一生还。楚武王得知后，立即派人谴责邓国，然而邓国不服。楚武王调兵遣将讨伐邓国，大胜而归。

楚武王用离间计打败了随国，也为楚国染指中原打开了一道大门。此后，楚武王加快了开疆拓土的步伐，对汉阳地区的各路诸侯展开新一轮的外交攻势。

---

❶ 今四川省境内。

15 剑指汉阳——楚武王的开疆拓土

公元前701年，也就是春秋小霸郑庄公去世这一年，楚国的莫敖屈瑕❶奉命与贰、轸两国结盟❷。

贰、轸两国实力微弱，无力反抗强楚，只能半推半就，同意结盟。然而与两国相邻的郧国对此大为不满，郧国甚知唇亡齿寒的道理，他们清楚一旦贰、轸两国被楚国吞并，下一个恐怕便是郧国。

为了自保，郧国向随国、绞国、州国、蓼国求援，希望四国能联合出兵抗楚。随国并未表态，其他三国则没有出兵，仅仅对郧国作出声援。

郧国的举动引起楚武王的不满，楚军应声而动，旋即出兵讨伐。郧国不甘受辱，提前在边境蒲骚❸布防。

楚军统帅屈瑕东渡汉水后，发现敌军早已戒备森严。在屈瑕犹豫打还是不打之际，他的副将斗廉提议派一支精兵偷袭郧国。斗廉是楚国令尹斗伯比之弟，在楚国的地位尊贵。屈瑕没有驳回斗廉的提议，他准备占卜一卦，依照卦象结果采取行动。斗廉对此十分不满，对屈瑕说："战前占卜是为了坚定战争的决心，如今箭在弦上，此战必打无疑，你又何必占卜？"其实斗廉的话并不符合当时的战前流程，在前秦时代，人们十分重视战前占卜，有很多因为占卜结果不吉利而撤兵的战争范例。

斗廉这番话实则是在逼迫屈瑕出兵，有以下犯上之嫌。他之所以敢这样做，大概是因为他出身于楚国的名门望族。随后，斗廉带领精兵夜袭敌营，一举击溃对手。历史上将这一战称作蒲骚之战。

郧国战败，贰、轸两国迫于形势与楚国结盟。数十年后，这两个小国

---

❶ 莫敖：原为楚国最高官职，后降至左司马之下。屈瑕，屈原先祖。
❷ 贰国位于今湖北省广水市附近，轸国位于今湖北省孝感市附近。
❸ 今湖北省应城市古名称。

都被楚国灭亡，消失在历史长河中。

一年后，楚武王以绞国在蒲骚之战中声援郧国为由，再次点将屈瑕领兵出征，攻打绞国。

大敌当前，绞国龟缩在国都坚守不出。楚军强攻城池南门数日，未能破城。在两军僵持之时，屈瑕派了三十个军中伙夫，绕行至北门外的山上，佯装砍柴。绞国守军见楚军人数稀少，便偷偷打开北门，派兵将这三十人俘获。

第二日，又有数十名楚军伙夫来到北门外的山上砍柴。绞国守军如法炮制，再次偷偷打开北门，派兵将砍柴的楚人俘获。

此后数日，越来越多的楚人前往北门外的山上砍柴。绞国守军放松了警惕，他们肆无忌惮地打开北门出城抓人时，却不料被提前埋伏好的楚军趁机攻破都城。守军大败，绞国不得已，与楚国签订了城下之盟。❶

屈瑕两战两捷，心态逐渐膨胀起来，楚武王却没有察觉他的变化。公元前699年，楚武王依然命屈瑕领兵出征，攻打附近的罗国。

令尹斗伯比为屈瑕送行归来后，察觉到屈瑕趾高气扬，推断屈瑕将战败。于是他入宫向楚武王进谏，劝楚武王给屈瑕增兵。

楚武王不明所以，认为屈瑕此行兵力充足，无须增兵，所以他拒绝了斗伯比的建议。但回宫以后，他依然想不明白，便将这件事转述给夫人邓曼。邓曼听罢，连连摇头说："令尹心里很清楚，现在增兵已经来不及了。但他的意思不在于兵力多少，而是大王您对屈瑕的威慑不足。屈瑕满足于以

---

❶ 此战为史书上第一次详细记载的诱敌战法，后被归辑入《三十六计》之抛砖引玉，成语"城下之盟"也出自此处，《左传·桓公十二年》记载："大败之，为城下之盟而还。"

往的战功，一定会自以为是，轻视罗国。您一定要重视这件事。"

楚武王这才恍然大悟，他立刻派人增兵，果然没有追上屈瑕的部队。

屈瑕对征伐罗国之事志在必得，在渡河时阵脚大乱，毫无阵形可言，而屈瑕又疏于防范。罗国趁机偷袭得手，楚军大败而归。战后，屈瑕自尽谢罪，其他将领自囚于冶父，等待发落。楚武王能率楚国崛起于乱世，绝非等闲之人，他很有担当地将战败之责归罪于自己，赦免了众将士。

屈瑕的战败，沉重地打击了楚国崛起的势头。自从公元前704年沈鹿会盟后，楚国几乎一年征伐一个邻国，他们向邓国复仇，逼贰、轸两国结盟，攻破郧国，逼绞国接受城下之盟，攻打罗国。然而在屈瑕战败后，楚国大约十年没有对外用兵，由此可见，楚国在这一战中损失不小。

16 楚武王之死
——从容慷慨的枭雄绝唱

公元前690年,周王室召见随国国君,目的是调查楚人熊通(楚武王)自立为王的恶性事件。王室成员一致认定,随国在此事件中起到了推波助澜的作用,并对其进行了严厉的批评以及深刻的思想教育。

随国国君委屈至极,有口难言。此时距离楚武王僭越称王已经过去了十几年,谁能想到周王室会翻出这些陈年旧账?

楚武王得知随国国君去成周雒邑朝见周天子,也心生不满:小小的随国,竟然没有把楚国放在眼里,是可忍,孰不可忍。于是他一怒之下,以荆尸阵法❶,再次举兵讨伐随国。

后人在回顾春秋历史时,并没有把楚国与东周王朝放在同一地位,即使周天子再衰落,也是名义上的天下共主。但楚武王僭越称王后,严格来说,楚国确实是与周王室并立的政权。这两股势力的关系和后世大分裂时期国与国的关系类似。

此次楚国出征,由楚武王亲自挂帅。然而出征前,楚武王却总是莫名的心慌。他将这件事告诉了夫人邓曼,邓曼听完泪眼婆娑地说:"恐怕大王天命如此,这是楚国列祖列宗的在天之灵在召唤您。若是此行战事顺

---

❶ 楚武王首创的阵法,至今无从考证。《左传·庄公四年》记载:"四年春,王正月,楚武王荆尸,授师孑焉。"

16 楚武王之死——从容慷慨的枭雄绝唱

利,楚军能凯旋,您即便在军中逝世,那也是楚国之福。"

楚武王沉默良久,只说出一句话:"既然是天命,那我便不躲了。"楚武王不愧为一代雄主,他能够以从容的姿态面对将死的命运,值得后人钦佩。

果然,楚武王在行军途中去世,客死他乡。后人从楚武王的描述以及他的年龄推断,他十有八九死于心脏病。此时他已经是六七十岁的老人,年事已高,又逢长途行军,确实有突发心脏病的可能。

楚军不愧是一支劲旅,他们严密封锁楚武王去世的消息,秘不发丧,继续前行,一路上逢山开路、遇水架桥,兵锋所向势不可当,大军直指随国都城。

随国君臣被楚军的气势震慑,没有任何抵抗,当场乞降。楚国大司马代表楚武王与随国国君会晤,最终与对方再次缔结盟约。楚军胜利班师回国,渡过汉水后,才发布了楚武王去世的消息。

楚武王的去世并没有打断楚国的崛起,他的儿子熊赀即位,史称楚文王。此时的楚文王已经人到中年,有着比父亲更加尖锐的性格。楚文王接过父辈的旗帜,更加激进地向中原地区征伐。他即位后,立即将国都从丹阳迁至郢都。❶

楚国拿下随国后,便有了进军中原的跳板。随国地势险要,夹在桐柏山与大洪山之间,大洪山更是有"楚北天空第一峰"的美誉。而且随国是

---

❶ 关于楚文王迁都于郢,有几种不同的说法,笔者倾向于楚文王在即位之初迁都至郢都的观点。根据《左传》记载,楚武王时代在提起郢时,将其记为郢郊,而非郢都。楚武王于公元前 690 年去世,发丧地点便在郢郊附近。《史记》记载:"文王立,始都郢。"再结合随后的历史事件,笔者推测楚文王参与伐随之战后没有回丹阳,而是在郢地即位,将即位地点设为都城。

今天河南与湖北之间的战略要冲，楚国以随国为跳板，东可征伐息国、蔡国，西可征伐邓国、申国。除此之外，随国因为临近山脉，还有春秋时期铜矿这种重要的战略资源。

随国在手，楚文王在即位后的第二年开始对南阳盆地用兵。南阳盆地有三个重要的进出口，除了随国外，南面的邓国和北面的申国是盆地中最重要的两个诸侯国。

楚文王的母亲邓曼是邓国前任国君之女，也是现任国君邓祁侯的姐姐。按照辈分，邓祁侯是楚文王的亲舅舅。因为这层亲戚关系，楚文王迁都后决定向邓国借道讨伐申国。

邓祁侯得知楚文王引兵过境，准备设宴款待。他派人前往楚军，邀请楚文王赴宴。在宴会上，邓祁侯的心腹悄悄地对他说："灭我邓国的人，一定是楚文王。他此行灭申归来，一定会顺势灭邓。我们若想杀他，现在是唯一的机会。"

邓祁侯对此不以为然，他认为，血浓于水，楚文王是自己的亲外甥，不会做出冷血无情之事。因此，他按照正规的礼仪款待楚文王。

楚文王引兵灭申后，将申国故地设置为县，从此占据了南阳盆地北边门户。待十余年后，邓曼去世，楚文王果然如他人预测般出兵伐邓，将对方灭国，在邓国故地上设置了邓县。

春秋诸侯之间的征伐，是国与国利益的冲突，淡薄的血缘亲情在利益面前脆弱如纸。在楚国拿下南阳盆地后，整个天下的形势有了根本性转变，楚国从偏隅荆楚地区的地方豪强，一举跃升为可以左右中原局势的南方霸主。

在楚国为逐鹿中原做好一切准备时，公元前684年，发生了一个偶然事件，彻底将楚国推到风口浪尖上。

17 子承父业
——楚文王伐蔡灭息

故事要从息国国君的息夫人❶说起。息夫人是陈庄公之女，妫姓，陈氏，因嫁给息国国君，故被称为息妫或息夫人。她是春秋乱世中著名的美女，可惜乱世佳人的结局通常都不美好，息夫人的一生也是被命运无情捉弄的一生。

公元前684年，息夫人回陈国省亲时途经蔡国，顺便探望嫁到蔡国的亲姐姐蔡夫人。不承想，这一探却探出了一桩祸事。

蔡夫人对于妹妹的远道而来，自然十分欢喜，她命下人摆下丰盛的宴席招待妹妹。蔡哀侯作为息夫人的姐夫，原本不应该参加这场宴席，可息夫人的美貌名声在外，让他起了觊觎之心，硬是死皮赖脸地参与其中。

蔡哀侯在宴会上看见息夫人的容貌，心脏都快停止跳动了。史书上没有记载宴会的具体过程，但《左传》用两个字记录了结果，叫作"弗宾"，即蔡哀侯对息夫人无礼。《史记》则用了四个字来描述——蔡侯不敬。

息国国君得知后火冒三丈，奈何蔡国是姬姓诸侯国，实力比息国强很

---

❶ 息夫人又名桃花夫人，与文姜、夏姬、西施并称春秋四大美女。传说息夫人容貌艳丽，所到之处桃花盛开，因此名为桃花夫人。另一说息夫人后来遇见沦为楚国城门守卫的息国国君，息夫人曾言："我之所以不死，是想要见你最后一面，以报答往日你对我的恩情。"言罢，息夫人撞死在城门上，死时遍地桃花盛开。王维曾以息夫人为名赋诗一首："莫以今时宠，能忘旧日恩。看花满眼泪，不共楚王言。"

多，单凭息国之力，这仇就算到战国时代也报不了。息国国君冥思苦想，终于想出一条借刀杀人的毒计。他请求楚文王攻打息国，届时息国会请蔡国出兵救援；等蔡哀侯率军前来时，息国反水，与楚国一同攻打蔡国。

楚文王听完都蒙了，他这辈子都没有听过这样的要求。如今楚国以随国为跳板，西路北上拿下了南阳盆地，东路北上势必途经息国和蔡国。息国国君的计划对楚国来说，无异于正瞌睡来了枕头。

同年九月，楚文王出兵攻打息国，而息国的使者早已将消息带到蔡国，请蔡哀侯出兵相助。息国与蔡国是唇亡齿寒的关系，若是没有息国做缓冲，蔡国将直面强大的楚国，对于他们来说，息国不得不救。

当蔡哀侯率领大军驰援息国时，对方却反戈一击，和楚国一起将蔡军打得落花流水，蔡哀侯也成为楚军的阶下囚。此时蔡哀侯终于明白过来，这是对方设下的阴谋，他郁闷至极，破口大骂。

楚国是春秋各路诸侯中接受礼乐熏陶最少的国家，行事作风有点野。楚文王听见蔡哀侯咒骂，命人架起油锅，打算烹杀他。

楚国大夫鬻拳见状，赶紧将他拦下："大王，蔡哀侯杀不得。蔡国为姬姓诸侯国，身上流淌着周王室的血脉。您用油锅将他烹杀，势必引起鲁、郑、晋、卫、燕这些姬姓诸侯国的不满，对我们逐鹿中原的大业不利。我们不如与蔡国结盟，至此，楚国不仅多一个盟友，也会令其他诸侯国信服，可谓一举两得。"

东周列国的国君之间有一张巨大的血缘宗亲关系网。诸侯之间征伐向来点到为止，甚至很多国家都会庇护流亡在外的国君或者公子，例如郑庄公曾经庇护公子冯十年。遵循礼乐制度的诸侯们，从来不会用油锅烹杀一国之君。

楚文王盛怒之下，没有听从鬻拳的建议，执意烹杀蔡哀侯。

鬻拳身为荆楚之人，脾气非常火暴，他抽刀在手，架在楚文王脖子上说："我宁愿与大王同死，也不愿楚国失信于天下诸侯。"

生死之间，反而让楚文王冷静下来，他知道鬻拳的话不无道理，于是命人撤下油锅，放了蔡哀侯。

鬻拳见状便收刀跪在楚文王面前请罪："大王您听从臣的建议，是楚国之福。但我身为人臣，却胁迫大王您，罪该万死。"

楚文王没放在心上，说："算了，你也是一片忠心，下不为例。"

鬻拳不肯，回答说："大王可以赦免我，但我没办法赦免自己。"说完，他操起兵刃，砍下了自己的一只脚。

楚文王大惊，立刻命人救治，之后更是将鬻拳的断足供奉在楚国的太庙中，以作警示。❶

最终，楚文王将蔡哀侯囚禁于楚国，以此逼迫蔡国与楚国结盟。在春秋初期，蔡国与周王室关系密切，无论是东门之役，还是繻葛之战，都有蔡国的身影；而且蔡国与中原核心地带的郑国接壤，楚文王拿下蔡国，对楚国逐鹿中原的意义巨大。

蔡哀侯沦为阶下囚，对息国国君憎恨不已。他想要报仇雪恨，便以其人之道还治其人之身，也用了一招借刀杀人，而这把刀依然是楚文王。

蔡哀侯一有机会，便在楚文王面前盛赞息夫人的美貌。楚文王生性好色，一来二去，他不禁心动，便亲自前往息国拜访。

息国国君自以为借刀杀人之计玩得巧妙，可是蔡国与楚国结盟后，息

---

❶ 《左传》是这样评价鬻拳的："刑犹不忘纳君于善，可谓爱君。"

国的位置极其尴尬，它架在楚国与蔡国之间，这种战略地位与息国的实力不匹配，息国国君的借刀杀人最终成了玩火自焚。

毫不知情的息国国君因楚文王的莅临而欣喜，他以为自己立了首功，楚文王一定会对他另眼相看。

可楚文王志不在此，他心怀鬼胎前往，只为见息夫人。一眼过后，楚文王在心中暗叹，这息夫人的容貌果然倾国倾城，他心中已有决断。

第二天，楚文王假借设宴的名义，将息国国君骗到皇宫外，趁机以武力俘虏对方，随后派大军征讨。息国无力面对楚国大军，最终被灭国。

楚文王将息夫人抢来后，封她为正室夫人，对她恩宠有加。息夫人也摇身一变，成为文夫人。而息国国君则在楚武王的安排下，成为守卫郢都的士兵。文夫人入楚宫三年，为楚文王生了两个儿子，长子名为熊艰，次子名为熊恽。这两个孩子之一将率领楚国，掀起春秋争霸的狂澜。

至此，楚国经历楚武王与楚文王两代国君的开疆拓土后，征服汉阳诸姬，吞并南阳盆地，北取蔡国，可谓风光无限。于乱世崛起的一方枭雄，似乎都会遇到自己的一生之敌。在楚国成为南方霸主后，北方的东海之滨，齐国也开始崛起于式微之际。

18 庄僖小霸
——齐国的一线生机

当年周公旦分封天下时,把姜尚封于东海之滨,并用了一众姬姓诸侯国制衡齐国,因此齐国在西周时期日益衰落。

西周第九代天子周夷王即位时,王室衰微。周夷王为了重树天子威信,在即位之初,听信纪国国君谗言,将时任齐国国君的齐哀公烹杀于巨釜之中。

烹杀是一种不亚于炮烙的残酷刑罚,即先把犯人的衣服脱光,再将犯人扔进一个与人同高的大锅中,外面堆满柴火,点燃行刑。结束时,犯人会因被烤成焦炭而惨死。

齐哀公被烹杀后,齐国与纪国结下了世仇。但齐国新君齐胡公因畏惧纪国,将国都从营丘迁至薄姑❶。

畏敌迁都之事引起了齐人的不满,齐国毕竟是姜太公的后代,身为堂堂大国,怎能因为惧怕纪国而迁都?于是,齐哀公的弟弟公子山率人起兵弑君篡位,自立为王,史称齐献公。随后,齐献公又将国都迁至临淄。

在这个历史时期,齐国不仅没能灭纪国报仇,自身反而爆发了内乱。齐献公的孙子齐厉公在位时昏愦暴虐,齐胡公之子趁机起兵作乱。这场内乱异常惨烈,两派势力的最高领导人双双战死,齐人拥立齐厉公之子为国

---

❶ 今山东省滨湖镇附近。

君,史称齐文公。

齐国几十年来的风雨飘摇让他们不复立国之初时的荣光,逐渐淡出了历史舞台。直到公元前795年,齐庄公❶接手了齐国这个烂摊子。

齐庄公即位之初,齐国刚刚经历长达七十年的动荡。放眼天下,彼时周宣王穷兵黩武,并丧南国之师。齐国自身式微,无力参与天下大势,齐庄公只能偏隅东海之滨,令齐国休养生息。十几年后,宣王驾崩,新天子周幽王与天下争利。齐庄公继续隐忍,令齐国休养生息。不久后,王室动荡,平王迁都成周雒邑,开启东周时代。秦、晋、卫、郑四国有从龙之功,尤其是晋国和郑国,借天子之名征伐周遭小诸侯,使自己的疆域迅速扩大。齐庄公没有参与其中,他继续隐忍,令齐国休养生息。

直到公元前731年,齐庄公光荣地退出了历史舞台。他在位六十四年,经历了三代天子以及东迁巨变,同时,他也是齐国在位时间最长的国君,其间天下诸侯各领风骚,唯有齐庄公稳如泰山。

有时候,历史是很公正的,齐庄公没有开疆拓土,然而他能耐住寂寞长达六十四年,全力恢复齐国国力,使齐国有了逐鹿中原的资本。

因为齐庄公在位时间太过漫长,笔者推测,齐僖公在即位前已经代父执掌朝政。而且齐庄公之子齐僖公的治国策略与父亲一脉相承。齐僖公即位初期,依然极少对外用兵,齐国在诸侯之间的声望并不高;但是他注重齐国的休养生息,并且借春秋小霸郑庄公之势,跻身春秋三小霸❷之列,使齐国成为东海之滨最重要的诸侯国。

---

❶ 齐前庄公吕购。
❷ 春秋三小霸:郑庄公、齐僖公、楚武王。

18 庄僖小霸——齐国的一线生机

齐庄公在位六十四年，齐僖公在位三十三年，父子二人执掌国政长达九十七年，后人将齐国的这一阶段称为庄僖小霸。

回顾齐僖公的一生，他有着敏锐的政治嗅觉和成熟的政治手腕。公元前722年，郑庄公平定共叔段之乱，并流放了生母武姜，此时的齐僖公或许已经敏锐地察觉到各诸侯国之间微妙的变化。

公元前720年，也就是周郑交质这一年，齐僖公与郑庄公会盟于石门，两国的外交关系开始升温。但齐僖公没有完全倒向郑国，而是游走在周郑两股势力之间。墙头草并不好做，一旦处理不当，则将落个竹篮打水一场空的结局。齐僖公则非常聪明地拉拢"周礼尽在鲁"的鲁国，以增强齐国的筹码。

公元前715年，在齐僖公的推动下，宋、卫两国与郑国停战。同年，郑庄公与齐僖公觐见周天子。从此，齐僖公倒向郑庄公，齐国也与郑国结成联盟。

齐僖公的这一选择充分展现了他作为一国之君的高瞻远瞩和魄力。身处时代洪流的人们并没有上帝视角，公元前715年的齐僖公并不知道四年后齐、鲁、郑三国会结成坚定的同盟；也不知道五年后宋殇公会被弑杀，被郑庄公庇护的公子冯会成为宋庄公；还不知道八年后郑国会在繻葛之战中箭射天子；更不知道九年后齐国会遭受蛮夷入侵，而郑庄公的长子公子忽会千里驰援，一解齐难。

在不确定的未来面前，齐僖公坚定地选择与郑国结盟，这个外交策略取得了巨大成功，并且为齐国称霸打下了坚定的基础。

19 不伦之恋
——齐襄公与文姜的传说

公元前698年,春秋小霸齐僖公溘然长逝,其子姜诸儿即位,史称齐襄公。在历史上,齐襄公的口碑极差,是一位凶残暴虐的国君,他与同父异母的妹妹文姜之间更是有一段广为流传的不伦之恋。

史料对这段恋情的过程语焉不详,而明代冯梦龙写的小说《东周列国志》对此却有大段的描述。

话说齐僖公之女文姜生得秋水为神,芙蓉如面,比花花解语,比玉玉生香,真乃绝世佳人,古今国色。而且文姜通今博古,出口成文,因此号为文姜。

齐国世子姜诸儿是一个酒色之徒,他年长文姜两岁,本为文姜同父异母的哥哥,二人自幼在宫中同行同坐,戏耍顽皮。

光阴似箭,岁月如梭,兄妹二人逐渐长大。文姜出落得如花似玉;姜诸儿身材伟岸,粉面朱唇,是一个天生的美男子。若是抛去血缘亲情,二人在面相上也算般配。

当郑国世子率军打败入侵齐国的外族时,齐僖公想要将文姜许配给郑国世子,因此在文姜面前讲了郑国世子的很多英雄事迹。少女情怀总是诗,文姜一听之下,顿时小鹿乱撞,芳心暗许。不承想,郑国世子将文姜拒之千里,不肯接受这桩婚事。文姜得知后,心中郁闷,染成一疾。

此时姜诸儿已通情窦,他心怀鬼胎,时时以探病为由闯入闺中,挨坐在文姜床头，遍体抚摩，指问疾苦。

某一日，齐僖公去探望女儿文姜，正巧撞见兄妹俩这一幕，他不痛不痒地说了一句"汝虽则兄妹，礼宜避嫌"，算是提点二人。

齐僖公心知儿子姜诸儿已经成年，心中难免有男欢女爱之想，因此着手安排儿子的婚事。不久后，姜诸儿与一名宋国女子成亲。新婚燕尔自然少不了鱼水之欢，自此，姜诸儿流连于床笫之间，不再寻文姜。

文姜已然初通情事，兄长却将她冷落。深闺寂寞中，文姜的病势加重，情欲在胸中辗转，难以出口。有诗为证：

春草醉春烟，深闺人独眠。

积恨颜将老，相思心欲燃。

几回明月夜，飞梦到郎边。

正当文姜郁郁寡欢之时，鲁桓公与公子翚二人刚刚弑杀了鲁隐公。公子翚提议："齐侯爱女文姜是人间绝色，大王，您不如娶回来吧。"

鲁桓公觉得此事可行，便点头同意。

随后，公子翚率领使臣向齐国求婚。但齐僖公不置可否，他以文姜病重为由，将这件事暂且搁置。此后，鲁桓公趁齐鲁会盟之际，亲自提及这门亲事，不料齐僖公仍是推托。如此过了一年又一年，鲁桓公即位的第三年，他亲至嬴地❶。从礼乐制度的角度来看，鲁桓公此举不合规矩，有失一国国君之威。

精诚所至，金石为开，齐僖公感其殷勤，终于同意这门亲事。二人约定，九月，齐僖公将送文姜到鲁国成婚。

---

❶ 今山东省泰安附近。

姜诸儿听闻妹妹即将出嫁,往事重现于心头。他心痒难耐,便派下人送给文姜一枝桃花,并附诗一首:

桃有华,灿灿其霞。

当户不折,飘而为苴❶。

吁嗟兮复吁嗟!

诗的大意是我家里有朵美艳的桃花,在家时没折下来把玩,最后飘零成浮萍,可惜啊,真可惜。

文姜收到信后,旧情复燃,也回诗一首:

桃有英,烨烨其灵。

今兹不折,讵无来春?

叮咛兮复叮咛!

文姜的诗带有着强烈的暗示,大意为时不我与,珍惜当下,快活要趁早。

姜诸儿看完,顿时明白妹妹的心意。他想抓住最后的机会,于是向父亲齐僖公提议,由自己来送亲。齐僖公老谋深算,看穿了儿子的心思,于是当场拒绝,并在同年秋天将文姜嫁至鲁国。

姜诸儿与文姜在后宫的不伦之恋传遍诸侯各国,时逢齐僖公的长女宣姜在卫国也有乱伦传闻,后人作诗对此挖苦讽刺道:

妖艳春秋首二姜,致令齐卫紊纲常。

天生尤物殃人国,不及无盐佐伯王!

众人评价说,宣姜淫于舅,文姜淫于兄;人伦天理,至此灭绝。

---

❶ 苴:音 chá,水中萍草。

19 不伦之恋——齐襄公与文姜的传说

齐僖公去世，姜诸儿摇身一变成为齐襄公。他在即位四年后，即公元前694年，向周王室求婚。周天子答应了这门亲事，并按照规矩，命鲁桓公主持婚礼，以王姬下嫁于齐国。

鲁桓公领命，打算亲自前往齐国与大舅哥齐襄公商议此事。齐襄公想起许久未见妹妹文姜，心头意动，也派使臣前往鲁国迎接鲁桓公与文姜夫妇二人。

鲁国群臣反对文姜前往，然而鲁桓公一意孤行，终是携文姜一同出使齐国。齐襄公与鲁桓公夫妇在泺地❶相见。

齐襄公见文姜前来，不胜欣喜。他先命人安排好酒宴款待，随后竟将文姜迎至宫中，对外宣称文姜与齐襄公的嫔妃相会，实则早已造好密室，另设私宴，单独与文姜相会，一叙旧情。

"说这二人，饮酒中间，四目相视，你贪我爱，不顾天伦，遂成苟且之事。两下迷恋不舍，遂留宿宫中，日上三竿，尚相抱未起。"❷

鲁桓公在宫外苦等一晚，未见文姜归来。他察觉事情有异样，便派人到宫里打探。探子如实回报，齐侯未娶正妃，文姜夫人自入齐宫，只是兄妹叙情，并没有与其他宫嫔相聚。

鲁桓公听完，仿佛是青青草原上响起一道炸雷。文姜归来后，鲁桓公与她大吵一架，奈何他身在齐国，不得不忍气吞声。此地不宜久留，鲁桓公命下人启程，他准备回鲁国秋后算账。

齐襄公与文姜一夜缠绵后，心中惴惴不安，他暗中派遣心腹石之纷如

---

❶ 泺地之名源于泺水。古时泺水位于齐鲁之间，是天下第一泉趵突泉的源头，同时泺水还汇聚成大明湖。

❷ 摘自《东周列国志》原文。

前去打探消息。石之纷如归来后，将鲁桓公夫妇的争执一五一十转述给齐襄公。

齐襄公心知此事迟早会败露，他睚眦必报的性格作祟，决定暗杀鲁桓公，以绝后患。当天齐襄公在牛山摆下宴席，盛陈歌舞，又让宫女们捧杯跪着劝酒，期待将鲁桓公灌醉。鲁桓公心中郁闷，不知是计，便借酒浇愁，不知不觉酩酊大醉。

齐襄公见计谋得逞，便安排齐国著名大力士公子彭生送鲁桓公一程，送佛送到西，不到西天不罢休。彭生力大，其臂如铁，他趁鲁桓公熟睡之际，张开双臂，手撕活人。鲁桓公肋骨断裂，惨叫一声，血流满车而死。

齐襄公得到消息，不禁流下了鳄鱼的眼泪，他命人将鲁桓公厚殓入棺，又向鲁国报丧。鲁桓公的庶长子公子庆父得到消息大怒，怒斥齐襄公乱伦无理，祸及君父。他向鲁军索要三百战车，准备昭告天下，伐齐报仇。

鲁国谋士纷纷反对公子庆父的计划，原因有二：一来家丑不可外扬，鲁国夫人文姜之事不宜声张；二来鲁弱齐强，伐齐没有必胜把握，一旦战败，复仇不成，反倒又添国耻。

鲁国使臣前往齐国宫殿，向对方讨一个说法。齐襄公心知要给鲁国一个交代，于是命人召彭生入朝。公子彭生不知大祸将至，他自恃有功，昂首挺胸进入大殿，美滋滋地准备领赏，结果被齐襄公当着鲁国使者的面骂得狗血喷头。最终，齐襄公下令将公子彭生五花大绑，推到市集上斩首示众。

此时公子彭生才明白，齐襄公这是要卸磨杀驴，他死前大喊："淫其妹而杀其夫，都是你这个无道昏君所为，今日又委罪于我！我死而有知，必为妖孽，取你性命！"

以上是《东周列国志》中讲述的齐襄公与文姜的故事。史料中对文姜的记载虽存在不少疑点，但总体还是认可齐襄公与文姜乱伦之事。

鲁桓公死后，其子姬同即位，史称鲁庄公。文姜作为鲁庄公之母，在齐国滞留一段时间后，还是回到了鲁国。

尽管齐襄公有乱伦的无耻行径，但他却完成了祖上不曾完成的事情。齐襄公在位期间，为齐国报了与纪国的宿世恩怨。

20 瓜代有期
——一场因甜瓜引发的血案

　　齐襄公在即位后的第五年，即公元前693年，发动了一场对纪国的战争。纪国倾国而动，并联合邿国、鄑国、郚国三个附属国与齐军开战。这一战，齐人气势如虹。齐襄公在战前占卜时得到的卦象显示，此战齐军将丧失半数兵力。齐襄公不为所动，对占卜之人坦言，若能报齐国祖上之仇，即使兵力折损过半，甚至齐自己殒命沙场，也在所不惜❶。

　　如此，齐军以必死之心一举歼灭四国的主力部队。战后，齐襄公扶植纪国公室子弟纪季为傀儡，将纪国分为两派，一派以国君为首，另一派便是纪季等卖国势力。两年后，纪季率众降齐，从此纪国成为齐国的附庸，而纪季便是齐国的代理人。

　　纪国地势险峻，国君无力反击齐国，只能依靠险地兴建防御工事抵抗齐军。公元前690年，齐襄公不满于现状，又一次派军攻打纪国。纪国国君被逼无奈，便让位于傀儡纪季，自己则仓皇逃离纪国。《春秋》曰："纪侯大去其国。"

　　齐襄公灭纪不久后，一道从周王室传来的天子之命更让齐国声望大震。周庄王命齐襄公联合鲁、宋、陈、蔡四国出兵卫国，平定卫国内乱，

---

❶ 《春秋公羊传·庄公四年》记载："卜之曰：'师丧分焉。'寡人死之，不为不吉也。'远祖者，几世乎？九世矣。九世犹可以复雠乎？虽百世可也。家亦可乎？曰：'不可！'国何以可？国君一体也。先君之耻，犹今君之耻也。今君之耻，犹先君之耻也。"

20 瓜代有期——一场因甜瓜引发的血案

并护送卫惠公回国。这是齐国第一次举起王室大旗讨伐其他诸侯,开创了齐国扛起尊王大旗的先河。

卫国与齐国有着千丝万缕的关系,卫惠公之母宣姜与齐襄公是一奶同胞的亲姐弟,而如今的卫国内乱也与齐国脱不了关系。齐襄公率领齐、鲁、宋、陈、蔡五国大军伐卫,大获全胜,而齐襄公却趁机抢走了卫国大量珍贵的宝物,其中包括象征卫国国君受周天子之命统治卫国的宝器。

齐襄公将抢到的宝物分给鲁国一部分,鲁人却不领情,因为当年鲁桓公死于齐国之手,而且文姜在这件事中扮演了不光彩的角色。所以鲁国史官在《春秋》中记载"文姜请之也",这句话暗讽文姜出嫁前与齐襄公暧昧不清,文姜通过令人难以启齿的手段为鲁国谋利。

正当齐襄公准备争霸中原时,齐国发生了一场由甜瓜引发的血案。这场血案的始末曲折离奇,却对春秋时代的走向产生了深远影响。

故事要从公元前687年说起。那一年盛夏,正值甜瓜成熟的时节,齐襄公派大夫连称和管至父两人去戍守葵丘❶。二人临行前,齐襄公许诺,待明年瓜熟之时,他会派人换防。从此,中国多了一个成语典故——瓜代有期。

连称是齐国大夫,他家在齐国也算得上名门望族,而且他的堂妹是齐襄公的妃子。管至父也是齐国大夫,同样是名门之后,他是千古名相管仲的族人。

当时葵丘是齐国的边疆,也是贵族们眼中的苦寒之地。连称与管至父二人率兵戍边,日子过得远没有在国都临淄舒服。无奈君命难违,二人只能心不甘情不愿地忍着。

---

❶ 今山东省临沂以西。

一年之期转眼而过，第二年夏天，士兵端上来一盘甜瓜为二人解暑。连称吃着吃着，忽然若有所思地对管至父说："瓜熟了啊！"

管至父点点头："嗯，熟了，还挺甜的。"

连称摇头回答："我的意思是，瓜熟了，你我二人可以脱离苦海，重返国都。"

管至父这才反应过来，二人喜极而泣，抱头痛哭，流下了积攒一年的委屈之泪。他们生怕齐襄公不知道甜瓜已熟，派人快马加鞭送了一颗甜瓜给齐襄公，提醒对方该换防了。

甜瓜被送到国都后，齐襄公在夏日炎炎中尝了两口，不满地说："这瓜还挺甜的，怎么不多送来几车？"

边军使者不知所措，只能硬着头皮回答："连称和管至父二位大人说，瓜熟了，葵丘应该换防了。"

齐襄公这才想起往事，但他食言而肥，大手一挥道："告诉他二人，多守一年再说。"

君命传回葵丘，连称和管至父二人怒从心头起，恶向胆边生，睁开眉下眼，咬碎口中牙，便有了弑君的打算。

弑君不是难事，难的是弑君后如何安然脱身。二人思来想去，终于想到一个人，这人是夷仲年之子公孙无知。夷仲年是齐国先君齐僖公的胞弟，这兄弟俩感情很深，齐僖公爱屋及乌，对夷仲年之子公孙无知特别溺爱，甚至让公孙无知的衣着服饰以及礼秩与当时身为世子的齐襄公一模一样。

齐襄公对此早有不满，他即位后立即剥夺了公孙无知的特权，并且处处打压对方。公孙无知对此也有不满。在这里不得不多说一句，齐襄公为人心胸狭隘，他即位后打压了很多人，除了公孙无知，还有齐僖公庶出的几位公子，如公子纠以及公子小白等人。这几位公子为躲避杀身之祸，纷纷流亡在外。

连称与管至父戍守边疆，手中有兵权，却无姜氏血脉；而公孙无知空有姜氏血脉，却无兵权。双方一拍即合，合谋作乱。

公孙无知听说连称的堂妹在宫中为妃，但不得宠，于是许诺篡位成功后将连称的堂妹立为正室夫人，以此让对方在后宫侦察齐襄公的动态。❶重赏之下必有勇夫，连称的堂妹欣然应许，从此作为内应潜伏在宫中。

公元前686年十二月，齐襄公前往姑棼游玩❷，随后又前往贝丘打猎。对连称和管至父来说，这是个千载难逢的弑君良机。齐襄公打猎过程中突然出现一头野猪，随从大喊："这是公子彭生的鬼魂。"齐襄公不信鬼神之说，他大声怒喝："彭生也敢见我？"话音刚落，他便张弓搭箭射向野猪。谁料野猪起身站立，哀号不止。齐襄公惊恐不已，从车上坠落下来，摔伤了脚，并且弄丢了一只鞋。

齐襄公一瘸一拐地逃回行宫，因为丢失鞋子而迁怒于徒人费❸，用鞭子狠抽对方，并且鞭鞭见血。徒人费落荒而逃，出门刚巧遇到率兵杀来的连称等人，被抓个正着。

徒人费愚忠的思想作祟，他将自己的伤口展示给叛军观瞧，并声称自己对齐襄公怀恨在心，想要报仇，因此他愿意为叛军领路。连称等人见徒人费的伤口惨不忍睹，便相信对方之言。

---

❶ 《左传·庄公八年》记载："连称有从妹在公宫，无宠，使间公，曰：'捷，吾以女为夫人。'"

❷ 《方舆纪要》记载："姑棼即薄姑，齐国旧都。"

❸ 徒人即后世的太监。

徒人费率先进屋，让齐襄公藏匿在殿中，而后他与石之纷如奋力抵抗叛军，最终他二人被乱刃砍死。叛军又搜出齐襄公，将其杀死。

弑君大功告成，公孙无知顺势自立，成为齐国国君。仅仅在数月之后，公孙无知便被雍廪杀死。

国不可一日无君，究竟谁应该成为下一任国君，成为齐国群臣新的争论话题。最终齐人锁定了两个热门人选——在外流亡的公子纠和公子小白。众人约定，谁先回到齐都临淄，谁便可以继承大统。

齐国不同派系的人分别将这个决定星夜兼程地送到二位公子手中，一场争夺国君之位的赛跑就此展开。

21 乾时之战
——齐桓公即位后第一场胜利

公子小白在国内有国、高两个名门望族支持。早在西周立国之初，周王室为了控制各路诸侯，确立了一套卿士任命制度，每个诸侯国会设置三卿，其中两卿由天子直接任命，这便是所谓的上卿；最后一个由各诸侯国君自行任命，名为下卿。

国、高二氏正是天子任命的上卿，他们的家族在齐国的势力可想而知。

虽然公子小白有国内权臣支持，但他的母亲出自卫国，卫国不久前刚刚经历内乱，自身难保，无力庇护公子小白。而且事发突然，公子小白得到消息时正在莒国流亡，由于时间紧迫，他来不及向卫国求援。莒国实力比卫国更弱，他们只能派出小队人马护送公子小白回国。

而公子纠的母亲是鲁国公主，他的姑姑是鲁庄公的母亲文姜，因此鲁国十分希望公子纠能成为国君。为此，鲁庄公与拥护公子纠的齐国大臣会盟，双方约定立公子纠为国君，并在同年夏天由鲁庄公亲自率领大军自曲阜出发，护送公子纠回国。

管仲得知公子小白正快马加鞭赶回临淄时，担心对方捷足先登，便向鲁桓公借兵车三十乘，抄小路截杀公子小白。

兵车三十乘足有千人以上的兵力，数倍于莒国派出的小队人马。当管仲率兵拦在公子小白车前时，对方一行人顿时阵脚大乱。

管仲张弓搭箭，不偏不倚正射中公子小白的腹部。公子小白惨叫一声，口吐鲜血倒在车上，他的心腹鲍叔牙更是发出撕心裂肺的惨叫。

管仲一箭得手，并没有赶尽杀绝，因为他与鲍叔牙是莫逆之交，既然公子小白已死，他有意放鲍叔牙一条生路，于是率军离去，向公子纠复命。

公子纠大喜过望，优哉游哉地率领鲁国大军赶往齐国，不料行至齐鲁边境时竟被齐国守军拒之门外。守军告知公子纠，公子小白已在数日前抵达国都，成为齐国新君。

公子纠如遭雷劈，再三询问，才知道了事情的真相——管仲的那一箭正好射在公子小白腰间的带钩上，对方侥幸捡回一条命，连夜赶回齐都临淄，在国、高二氏的支持下顺利即位，史称齐桓公。

事已至此，公子纠不甘心国君之位被夺，联合鲁庄公麾下的军队继续前行，打算以武力抢夺国君之位。于是鲁军继续北上，数日后抵达了齐国都城临淄以西的乾时。

齐桓公回国后，早已对公子纠的反扑有所准备。乾时在时水下游，地势复杂。在丰水期时，时水水流湍急，会冲刷出纵横交错的河道沟壑；到枯水期时，乾时这里会长出茂盛的水草，将河床掩盖起来，是打伏击战的最佳地点。此时正值秋季，是乾时的枯水期，齐人因地制宜，提前在乾时埋伏重兵，以逸待劳。

此战的齐军主将是齐桓公的心腹鲍叔牙，他设好伏兵后，任命雍廪为前锋，将鲁军引诱到埋伏圈中。公子纠和鲁庄公求战心切，果然中了齐军埋伏，最终大败。

鲁军败局已定，鲁庄公眼见要被齐军活捉，不得已，只能丢弃自己的兵车，换乘另一辆兵车，夺路狂奔。为了掩护鲁庄公逃跑，秦子、梁子两位大夫高举鲁庄公的帅旗引开追兵，这才使其逃出生天。

齐军大胜之后并没有收兵,鲍叔牙率军逼近齐鲁边境。正当鲁庄公惊魂未定,不知如何收场时,鲍叔牙向鲁庄公提出了两个要求。

其一,公子纠是齐国国君的亲人,国君不忍心亲手杀死他,所以请鲁庄公代劳,斩杀公子纠。

其二,管仲曾经截杀齐桓公,罪无可赦,齐桓公要亲手报仇,请鲁庄公将管仲交出来。

鲍叔牙的两个要求看似合理,但由于他和管仲交情匪浅,所以他的后一个要求实际是想救管仲考证参见附录12。

最终鲁庄公同意了对方的要求,一一照办。

22 管仲拜相
——孔子与诸葛亮推崇的千古明相

鲍叔牙历尽千辛万苦救出管仲后，还有一关要过，那就是齐桓公。管仲与齐桓公有一箭之仇，若想齐桓公不杀他，只有一个办法，便是管仲必须对齐桓公有用，而且必须是无可取代的大用。

当齐桓公听到鲍叔牙向他推荐管仲时，第一个念头是杀之而后快，他的反应在鲍叔牙的预料之中。鲍叔牙则运用话术将管仲与齐国霸业联系在一起，说："我有五个方面不如管仲。让百姓安居乐业，国家富强，我不如他；治理国家，和洽诸侯，我不如他；取信于民，树立权威，我不如他；制定礼法，规范全国，我不如他；鼓舞士气，克敌制胜，我不如他。这样的天下奇才，您可千万不能失去。"

齐桓公余怒未消，回答说："但他差点一箭射死我。"

鲍叔牙又劝说："这是他忠于君主的表现，如果您成了他的君主，他也会替您去射杀别人。"

鲍叔牙在齐桓公心里的地位是很重要的，毕竟他跟随齐桓公流亡在外，又带领齐军赢了乾时之战，既有苦劳又有功劳。齐桓公见鲍叔牙如此坚持，便决定给管仲一个机会，他召见管仲进行会谈。

后人无从知晓此次会谈的经过，但据说二人聊了三天三夜，后人从《管子》❶等著作中，大概还原了会谈的主要内容。

---

❶ 《管子》一书为后世稷下学宫的学子整理编纂的书籍，有一定的失真。

22 管仲拜相——孔子与诸葛亮推崇的千古明相

会谈之初,管仲对齐桓公说:"我本该是被您杀死的罪人,有幸您保全我的性命,您若是还命我处理国家的大事,我恐怕不能胜任。"

齐桓公回道:"若是先生您能帮我,我可以做一个明君;若您不帮我,我担心齐国会再度衰落。"

管仲听完,不再寒暄,问道:"大王,您想不想称霸?"

齐桓公如实回答:"我原本想守住祖业,不敢有称霸的雄心。"

管仲听到如此丧气的话,当即说:"我之所以苟且偷生,不为公子纠自尽,为的是让齐国国富民强,成就一番大业。您若不想称霸,我岂不是成了贪生怕死、追名逐利之人?"

齐桓公闻言,便将心中顾虑如实相告:"我兄长齐襄公在位时,没能好好治理国政,也没有尊重人才,只喜欢讨好女人。他后宫中美女无数,平日里锦衣玉食,军费开支都被浪费在后宫佳丽身上。前线作战的将士紧衣缩食,朝堂之上的贤人地位反而不如女人高。齐国被他搞得乌烟瘴气,我即使有心称霸,也不知如何作为。"

听完这话,管仲放下心来,他将心中所想的治国方案和盘托出。

当年周公旦以礼乐制度作为统治思想,规范贵族阶级的一举一动,但对于底层人民的规范则很笼统。随着时代的发展,礼乐制度逐渐不适应社会发展,出现了礼崩乐坏的迹象。随着历史的变迁,各个诸侯治理国家的方式方法也越来越混乱,出现了统治能力不足的现象。越是大诸侯国,越面临类似于王权不下郡县这样的窘境。

针对这种情况,管仲提出叁其国而伍其鄙的治国方案,来提高国家的统治能力和组织能力。所谓的叁其国,是将国都的士、工、商三类人分别管理,设置三个工乡,三个商乡,十五个士乡,一共二十一乡,不同类人不能随便迁移。所谓的伍其鄙，鄙原是乡野的意思，乡野与国都对应。据考证，春秋时期能住在国都的都是贵族阶层，他们也被称作国人；与此对应，居住在乡野的人则被称为野人。而伍其鄙的具体措施是将齐国的乡野分为五个部分，由五个大夫分别管理。

接着，管仲又提出改革军制，实行作内政而寄军令❶。管仲认为，如果齐国备战，敌国便会有防备，如此一来，不利于速战速决。为了解决这个问题，管仲提出在整顿内政的过程中隐藏战备意图。由于春秋时期生产力不发达，大部分诸侯国的士兵都是农民，战时才会集结。管仲在整顿内政时，提前将军队编制制定妥当，一旦有战争，这些士兵立刻按照编制入伍，提高了军队集结的效率。

在这次会谈中，管仲只提出了治国思路，还没有具体实践，齐桓公便大喜过望，当即拜管仲为相，更是认管仲为仲父，可见他对管仲的重视。

但不久后，齐桓公心里又没底了，找管仲询问说："我有三个缺点，会不会阻碍齐国称霸？"

管仲眉头一皱："您说说看。"

齐桓公说："我喜欢打猎，而且每次打猎都很沉迷，常常有其他诸侯的使臣前来约见，等很久也见不到我一面，朝中官员也没有机会向我汇报。"

管仲回答："这的确是个坏习惯，但不致命。"

齐桓公又说："我喜欢喝酒，不分昼夜地酗酒。"

---

❶ 《国语·齐语》记载："管子对曰：'未可。君若正卒伍，修甲兵，则大国亦将正卒伍，修甲兵，则难以速得志矣。君有攻伐之器，小国诸侯有守御之备，则难以速得志矣。君若欲速得志于天下诸侯，则事可以隐，令可以寄政。'桓公曰：'为之若何？'管子对曰：'作内政而寄军令焉。'桓公曰：'善。'"

管仲摇头:"这个恶习,还是不致命。"

齐桓公有点忸怩,最后说:"我这个人还很好色,而且喜欢乱来。表姑和表姐与我都有不可告人的关系,至今无法出嫁。"❶

齐僖公的四个子女有乱伦记载,分别是宣姜、文姜、齐襄公和齐桓公。除了以上四位,齐国不少公室子女也涉嫌乱伦,所以齐桓公与管仲说的这话听起来很符合齐国作风。

不过管仲还是摇摇头:"这个习惯坏是坏了点,但也不是致命缺点。"

这次轮到齐桓公纳闷了,这都不算致命缺点,什么才算呢?

管仲回答说:"身为人君,绝不能优柔寡断和愚蠢。做事优柔寡断,无法服众;做事愚蠢,不能成事。"❷

管仲之所以能成为千古名相,是因为他对"管理"二字有着深刻的理解。作为一个领导,的确不能优柔寡断,古今中外有无数的例子验证了这一点。

齐桓公听完,放下心来。然而齐桓公只铭记了做事不能优柔寡断,而将不能愚蠢忘在脑后,他即位后不久便做了一件愚蠢的事情,导致齐国的霸业推迟了数年。

---

❶ 《管子·小匡》记载:"寡人有污行,不幸而好色,而姑姊有不嫁者。"

❷ 《管子·小匡》记载:"人君唯优与不敏则不可,优则亡众,不敏不及事。"

23 一鼓作气
——鲁国两战两捷

乾时之战的胜利给了齐桓公莫大的自信，他即位不足一年，为了报复鲁国，举兵南下伐鲁。

战前管仲劝齐桓公"不可，甲兵未足"。一个国家的崛起需要时间沉淀，齐国刚安定数月，国势尚未扭转，备战仓促，不可发动战争。

齐桓公没有听从管仲的劝谏，一意孤行地发动了对鲁国的征讨。

春秋初年的鲁国，实力不可谓不强，时常攻伐周边的小国，曹、滕、薛、纪、邓、郕等十来个小国会日常朝觐鲁国。其中齐国的九世之仇纪国一度是鲁国的附属国，被鲁国庇护。

据不完全统计，在乾时之战以前，鲁国四次打败宋国，两次打败齐国，一次打败卫国，还有一次打败燕国，这些国家在当时无一是弱旅。童书业先生在《春秋左传研究》中提及，"直至齐桓公称霸前夕，鲁之国势尚甚强，不亚于齐"。

更重要的是，鲁庄公能征善战。鲁国前两任国君未得善终，隐公被弑，桓公被杀。而鲁庄公不同，他在执政期间，将士用命，内政稳定。唯一不利于鲁国的因素，是乾时之战损失的兵力尚未来得及补充。

总体来说，齐鲁这一战，齐国虽强，但未有必胜把握。所以鲁庄公得知齐军来犯时没有怯战，相反，他举全国之力抗击敌军。

在鲁庄公备战之时，曹刿前来询问鲁庄公以何应战，鲁庄公回答说：

23 一鼓作气——鲁国两战两捷

"我让百姓衣食饱暖。"曹刿摇头:"这种小恩小惠,不能惠及全民,百姓不会因此作战。"鲁庄公又说:"我祭祀时本分虔诚,从不妄言。"曹刿还是摇头:"微薄的诚信不会打动神明,神明未必会庇护您。"鲁庄公最后说:"我虽不能明察秋毫,但对鲁国大小案件必合情合理办理。"这时曹刿才点头称赞:"这一点确实是为百姓尽力的表现,可以凭此一战。开战时请带着我,我将为您出谋划策。"

公元前684年周历正月,齐鲁两军对阵长勺[1],史称长勺之战。

鲁庄公与曹刿同车观战。当鲁庄公准备击鼓出兵时,曹刿拦住了他,让鲁军暂且按兵不动。齐桓公因为乾时之战的大胜,有些轻视对方,他见鲁军没有出战,认为鲁军士气不高,临阵畏战,于是率先下令击鼓出征。

春秋时期主要的作战兵器是兵车,兵车周围会布置举着刀戟和盾牌的步兵。兵车需要一定的冲刺距离才能发挥最大战斗力,因此,交战前双方都会预留出一片空地用来冲刺。在击鼓后,兵车由马匹拉着向前奔驰,步兵却只能举着沉重的刀戟和盾牌跟着向前跑。每次冲刺都会消耗步兵们的体力。

在长勺之战中,齐军鸣鼓三次,步兵也冲刺了三次,体力损耗殆尽,士气自然难以为继。曹刿对鲁庄公解释说:"夫战,勇气也,一鼓作气,再而衰,三而竭。"直到齐国士气耗尽,鲁军才击鼓出击,趁机大败齐军。

随后,曹刿观察齐军败退时留下的车轮痕迹,发现凌乱不堪,因此判断齐军并不是佯装败退,这才建议鲁庄公追击。于是鲁军在追击中进一步重创对手,将齐国驱逐出境,取得了长勺之战的大胜。

鲁庄公凭借长勺之战一雪前耻。或许这场突如其来的胜利冲昏了他的

---

[1] 今山东省莱芜东北。

头脑，在战后仅仅一个多月的时间里，鲁国出兵侵宋。❶

宋国没有立刻抗击鲁国的入侵，他们向东扩张，迁走了宿地百姓，占领了这一地区。❷宿地原本属于江淮地区小诸侯钟吾国的领地，但宿地位于鲁国南面，若宋国与齐国联合伐鲁，从宿地出兵可以南北夹击鲁国。

鲁国入侵宋国引起了齐桓公的警觉，同年六月，他与宋国联合，再次兴兵攻打鲁国。齐宋两军驻扎于郎地❸。

面对齐宋联军的强势来袭，鲁国大夫公子偃发现了一丝战机，他察觉到宋军军容不整，鲁军可以趁机偷袭。若能战胜宋军，齐军必会撤兵。

鲁庄公没有同意公子偃的请战，他选择死守曲阜。

公子偃担心战机稍纵即逝，于是私自从国都南大门雩门出城，并将老虎皮蒙在马上，偷袭宋军。宋军阵脚不稳，顿时乱作一团。鲁庄公见有机可乘，没有追究公子偃的自作主张，而是果断率军跟进，在乘丘击败宋军。这一战，史称乘丘之战。

宋军大败而归，齐桓公见无机可乘，便率军返回齐国。气势汹汹的齐

---

❶ 《左传·庄公十年》记载："十年春王正月，公败齐师于长勺。二月，公侵宋。"史官对鲁国攻打宋国持贬斥态度。中华书局版《左传》对"侵"字的注释为，古时出兵，有钟鼓之声叫作伐，没有则称为侵。换言之，被伐者若是有罪，则可以用伐字；若对方无罪，则用侵。由此可见，鲁庄公此次侵宋，为非正义战争。此外，在广义上，征、伐、侵、袭、攻是一组近义词。征带有褒义，最初用于天子攻诸侯，攻无道者；侵和袭带有贬义；伐是中性的，后来由于常同征连用，也带有褒义了，"征伐以讨其不然"。征和伐是公开的、大张旗鼓的军事行动；侵和袭是不宣而战的秘密军事行动，袭比侵更富于隐藏性和突然性，是偷袭；攻是攻打，多指具体攻打某个地区或城市。

❷ 今江苏省宿迁市。《左传·庄公十年》记载："三月，宋人迁宿。"

❸ 郎地在《左传》中共出现八次，后人考证鲁国应有两个郎地，这里的郎地应是距离鲁国国都不远的近郊郎地。

宋伐鲁，因为这个戏剧性的变化，最终不了了之。

公元前685年秋天的乾时之战，到公元前684年一月的长勺之战，再到同年六月的乘丘之战，齐鲁之间攻伐不断。但鲁庄公先败后胜，展现了鲁国强大的战斗力。齐桓公从乘丘之战归来，终于痛定思痛，放下了攻打鲁国的执念，转而任用管仲全力发展国力。

与齐桓公受挫不同，南方霸主楚文王则在公元前684年击败蔡国，俘获蔡哀侯，并与蔡国结盟，打开了北上中原的大门。

然而从这一年开始，齐楚两国逐渐走上不同的道路。管仲在执政后率先做出改革，为齐国争霸积蓄力量。

24 仓廪实而知礼节
——两千年的历史唯物主义

管仲曾经提出过"仓廪实而知礼节"的思想,这句话与两千多年后马克思在《黑格尔哲学批判》一文中提出的"经济基础决定上层建筑"如出一辙。

如何改善经济基础是管仲应该考虑的问题。他首先对井田制进行了改革,采取相地而衰征的政策,按照土地的肥力优劣分等级征税。同时,管仲还提出了官山海的概念,即将盐、铁等战略资源收归国有。官山海的思想贯穿至今,后世西汉桓宽整理编纂的《盐铁论》中更深刻地思考了官山海的意义。此外,管仲还在齐国设置了轻重九府,这个机构掌管着铸币权,职能类似于中央银行。

管仲通过官山海的国家垄断经济,抓住了时代的命脉产业。数年后,齐国的国库迅速丰盈起来。

国力增强只是争霸的基础之一,单凭这一点,想做到争霸于乱世还远远不够。既然经济基础决定上层建筑,那么最终的争夺也是在上层建筑领域。

人类文明的历史上有很多转型期,在每个转型期都涌现出过很多改革的先行者,然而大部分改革都以失败而告终。因为改革不能脱离时代的意识形态,而意识形态的变化永远落后于经济、政治、科技等方面的变化。如果不能意识到这一点,大多数改革都将失败。

在管仲时代,生产力比西周初期更先进,而且周王室日益衰落,出现了礼崩乐坏的征兆。然而，生活在那个时代的绝大多人察觉不到这种变化，他们的思想和价值观还深受礼乐制度的桎梏。

管仲改革的步子若是迈得太大，动摇了礼乐制度，将面临万劫不复的深渊。但管仲很聪明，他不仅没有动摇礼乐制度，相反，他提到的"知礼节"便是引导齐国民众认同并遵守礼乐制度。而在礼乐制度的最顶层，是君权天授的天命思想，管仲更是让齐桓公扛起"尊王攘夷"这面大旗，为齐国的统治乃至霸业找到了正统性。

回望千年，不难发现，齐桓公之所以能够九合诸侯，一匡天下，他的思想根基也在于礼乐制度深入人心，同期的诸侯们认可齐桓公霸业的正统性。

在春秋时代，不遵从礼乐制度的国家或者部落都被列国称为"蛮夷"。楚武王20年前僭越称王，毫无疑问，楚国便是人们眼中最大的"蛮夷"。

随着楚国与齐国的相继崛起，只要齐桓公一直扛着"尊王攘夷"的旗号，齐楚之间必有一战。历史不可避免地走进了齐楚争霸的时代。

25 九合诸侯
——齐桓公称霸的坎坷之路

齐桓公四年，即公元前682年，天子周庄王驾崩，他的长子姬胡齐即位，史称釐王。齐国在管仲的发展下，短短数年已经国富民强。管仲见新君登基，便趁机送上丰厚的贺礼，贿赂周釐王。

周王室经过多年的发展，穷得令人难以想象。公元前697年，周桓王驾崩，但周王室已经穷得没钱举行葬礼。六年后，即公元前691年，周庄王才勉强以天子的规格为父亲举办葬礼。以两千多年前古人掌握的尸体防腐手段，若不是真的穷困潦倒，不会停尸六年不下葬。

周王室缺钱，管仲便对天子展开了金钱攻势。在齐国的糖衣炮弹面前，周釐王很快尝到了权力的滋味，他走上了与齐国权钱交易之路，并认可了齐国的霸主之位。

周釐王得到了齐国源源不断送来的金钱，过上了与父亲截然不同的生活。在执政期间，周釐王骄奢淫逸，贪图享受。❶

而齐国得到周天子受命的霸主后，于公元前681年三月迫不及待地在北杏❷召集诸侯会盟，史称北杏会盟。

---

❶ 孔子曾批评周釐王奢靡。此外，《太平御览·帝王世纪》记载："僖王自即位以来，变文武之制，作玄黄华丽之饰。宫室峻而奢侈，故孔子讥焉。"

❷ 今山东省东阿县。

25 九合诸侯——齐桓公称霸的坎坷之路

北杏会盟开创了一个先河，这是历史上第一次由诸侯代替天子主持的正式会盟。此前的诸多会盟，由于没有天子认可，是不合礼数的。但此前的会盟数量并不少，这也是礼崩乐坏的证据之一。

齐国对北杏会盟非常重视，但理想和现实之间有着很大的距离。相比于十二国参与的沈鹿会盟，北杏会盟仅有宋国、陈国、蔡国和郏国四个国家参与，场面冷冷清清。

陈、蔡两国一直拥护周王室，齐桓公受命为霸主，陈、蔡两国的到场并不令人意外。其中蔡国因为国君蔡哀侯被囚禁在楚国，至今未归，蔡国未必没有借齐国之力对抗楚国的心思。

郏国参与北杏会盟的行为则充分诠释了春秋时代弱肉强食的特点。郑庄公小霸中原之时，郏国曾经是鲁国的附属国，当时宋殇公出兵入侵郏国，鲁国没有表态。随后郏国和鲁国越走越远，鲁国历任国君都将郏国视为蛮夷之地，常常征伐郏国。《左传》记载，在春秋时期，鲁国对郏国的入侵多达十几次，并先后夺取了郏国大量的土地。

在齐桓公即位后，齐国和鲁国一年之中互相攻伐多达三次，这样郏国看到了对抗鲁国的希望，因此郏国毅然决然地参与北杏会盟，寻求齐国的庇护。在齐桓公执政时代，郏国都是坚定的挺齐派，同时也为自己谋取了安稳的外部环境。

而宋国则刚刚发生了内乱，猛将南宫长万<u>考证参见附录13</u>弑君，新任国君宋桓公为了谋求其他诸侯的支持，这才参与了北杏会盟。

齐桓公与管仲对会盟的结果很不满意，他们很快做出新的决策，那便是杀鸡儆猴，树立权威。这只"鸡"便是没有参与会盟的遂国。

遂国与郏国相邻，两国势同水火，经常因为小事而大打出手。遂国为了打压邾国，主动投靠鲁国，成为鲁国的附属国，并获得了鲁国的偏袒。对遂国来说，但凡邾国参与的会盟，遂国概不参加，因此缺席了北杏会盟。

遂国实力不强，又是齐国盟友邾国的死敌，齐桓公用遂国来祭旗再合适不过。一来可以树立权威，二来可以收买人心。遂国面对强大的齐国，毫无还手之力，顷刻间国破家亡。

齐国灭遂后，史书中还记录了一个容易被人忽视的细节，这个细节向后人诉说着遂国遗民不屈不挠地反对齐国霸权主义的壮举。

齐军曾经派人在遂国故地驻军，当地氏族面对国破山河在的悲凉局面，心中意难平，于是找到一个机会，用好酒好菜招待齐国驻军，将他们灌醉后全部杀死。❶

可惜史书上没有记载这群爱国者最后的结局，考虑齐国当时如日中天，他们的结局恐怕凶多吉少。

齐桓公立威后，还有一个重要的盟友需要拉拢，这个国家恰恰是齐桓公曾经的死敌——鲁国。既然齐国遵循礼乐制度，高举"尊王攘夷"的大旗，鲁国有"周礼尽在鲁"之称，因此齐桓公必须想办法拉拢鲁国。

公元前681年，齐桓公为了与鲁庄公结盟，两人约定在柯地会盟<u>考证参见附录14</u>。

柯地会盟是齐鲁关系缓和的开端，然而推动齐鲁真正成为盟友的关键人物则极有可能是鲁庄公的母亲文姜。当年鲁庄公即位时年仅十二岁，鲁国得以平稳发展，文姜功不可没。而且文姜又是齐桓公同父异母的姐姐，她内心深处不希望齐鲁两国关系破裂。

---

❶ 《春秋》记载："齐人歼于遂。""歼"字意味着齐国驻军全军覆没。

25 九合诸侯——齐桓公称霸的坎坷之路

据史料记载，自从齐襄公死后，文姜有很长一段时间没有出使齐国。但是在公元前679年，文姜又恢复出使齐国。从那一年开始，齐鲁两国的关系越来越密切。由此可以推断，文姜在齐鲁外交上起到了积极作用。

在齐鲁关系缓和之际，齐桓公的霸业却出现了一个小波折——北杏会盟的参与者宋桓公背弃会盟。齐桓公没有姑息宋桓公的所作所为，他联合陈国和曹国一同讨伐宋国。此次讨伐，齐桓公还请出了天子军。周釐王派单伯带领小队人马加入齐国联军，尽管这支部队实力弱小，却是天子军时隔多年再次征战沙场，象征意义重大。

宋桓公很聪明，他认真仔细、审时度势地分析了对手的情况，终于想出了一个退敌良策：他果断投降求和，并坚定地与齐国结盟。

公元前680年冬天，在楚国二次伐蔡后不久，齐桓公携天子使臣单伯，与宋桓公、卫惠公、郑厉公于鄄地会盟，这次会盟让齐桓公霸业初具雏形。

参与会盟的诸侯与齐桓公有着千丝万缕的联系。

齐桓公的母亲是卫国国君之女，曾经是齐僖公的宠姬，齐卫两国自僖公以后关系都非常密切，宋桓公则在不久前向齐国投诚。唯一需要多说几句的是郑厉公。

郑厉公是曾经在繻葛之战中崛起的将星，时隔十八年，他重夺国君之位，但他复辟背后有一丝阴谋的味道。

当年郑厉公指使雍纠暗杀祭仲未果，随后他带着雍纠的尸体逃到宋国的外公雍氏家中。郑厉公在位期间曾反抗宋庄公的勒索，与宋国有过两次战争。他此刻流亡于宋国，寄人篱下的滋味犹如寒天饮冰水，点点滴滴在心头。但郑厉公遗传了父亲的枭雄本色，他喜欢将命运掌握在自己的手中，他逃去蔡国，在蔡国的帮助下谋取了郑蔡边境的一块名为栎地的土地,并在栎地隐忍了十几年。

在春秋时代,诸侯若想称霸中原,郑、宋两国都是必争之地。春秋风云际会,齐桓公与楚文王相继崛起。公元前680年,发生了很多决定争霸走向的事件。此时齐国与宋国结盟,楚国与蔡国结盟,宋国和蔡国都与郑国接壤,郑国的立场变得敏感起来。

在楚国囚禁蔡哀侯并控制蔡国后,时任郑国国君的郑子婴开始倒向楚国,他希望借楚国和蔡国之力消灭盘踞在栎地的郑厉公。所以,当郑子婴接到齐桓公北杏会盟的邀请时,他拒绝出席。

在齐、宋两国和谈的同年,即公元前680年,郑厉公自栎地起兵,率军攻打郑国都城。大军抵达大陵时,俘获了郑国大夫傅瑕。傅瑕为了求生,向郑厉公请求:"若您放了我,我将帮您回国做国君。"郑厉公与傅瑕歃血为盟后,便将他放了。同年六月二十日,傅瑕没有食言,他杀死了郑子婴以及他的两个儿子,便迎接郑厉公回国。❶

郑厉公盘踞栎地十八年,偏偏在齐楚争霸一触即发时起兵作乱。他所率部队从何而来,这是一个历史之谜。

关于此事,《左传》中有一段诡异的记载。当年在郑国都城的南门下,城内的一条蛇和城外的一条蛇相斗,城内的蛇死了。六年后,郑厉公复辟成功,鲁庄公询问鲁大夫申繻,是否因为郑国有妖孽作祟才会如此?申繻回答:"妖孽因人而兴,一个人所畏惧的事情是由他的气焰所决定的。人若无

---

❶ 《史记》对此记载有异,《史记·郑世家》记载:"故郑亡厉公突在栎者使人诱劫郑大夫甫假,要以求入。假曰:'舍我,我为君杀郑子而入君。'"

可乘之机,妖孽不会兴起;人若丢失常道,就会有妖孽作祟。"❶

有野史传言,郑厉公在齐桓公的帮助下最终复辟。若将野史的传言结合《左传》的记载,后人不难从中发现阴谋的味道。若从阴谋论的角度,将鲁庄公与申繻的对白进行发掘,则有另外一层意味。

鲁庄公想询问申繻:"郑厉公之所以能复辟,是由于得到了妖孽的帮助吧?"

申繻回答,妖孽也是因为郑厉公有野心才会趁机作祟。

鲁庄公和申繻对话中的妖孽,无非是指内蛇和外蛇争斗之事。然而,蛇在先秦时代是吉祥的象征,蛇蜕变成蟒,蟒化成蛟龙,契合中国古代神话对龙的认知。龙作为中华民族的图腾,与蛇有着极深的渊源。传说在部落的年代,华夏大地很多部落的图腾都是蛇,这些部落吞并其他部落后,会将对方的图腾夺过来,添在自己的图腾上,人们相信这样做可以得到对方神明的庇护。除了龙,凤凰、麒麟、玄武等神兽也可能因此而来。

在《左传》的成书年代,蛇不是妖孽的象征,相反,蛇的象征与吉祥富贵、功名利禄密切相关。鲁庄公和申繻将郑国两蛇相争之事喻为妖孽作祟,并且堂而皇之地出现在史书中,很难洗清影射的嫌疑。

这二人在影射谁,是一个有趣的话题。

《庄子外篇》中有这样一段记载,齐桓公在外面打猎时,忽然看见一个鬼影,而为他驾车的管仲却没看见。齐桓公自以为见了鬼,于是失魂落魄地病倒了。此时一个读书人向齐桓公解释:"您所见之物不是鬼,而是

---

❶ 《左传·庄公十四年》记载:"初,内蛇与外蛇斗于郑南门中,内蛇死。六年而厉公入。公闻之,问于申繻曰:'犹有妖乎?'对曰:'人之所忌,其气焰以取之,妖由人兴也。人无衅焉,妖不自作。人弃常则妖兴,故有妖。'"

委蛇。"委蛇是中国神话传说中的蛇，这种蛇的身子和车辕差不多长，身子是紫的，头是红的。委蛇特别讨厌雷声，因为马车开过的轰隆声与雷声相似，委蛇听见轰隆声，这才仰头立起身子。但凡看见委蛇之人，必会称霸。齐桓公听完喜笑颜开，称自己看到的正是委蛇，旋即他的病不治而愈。

《庄子外篇》中提到的齐桓公遇见委蛇并最终称霸的故事，唐代以前在山东地区广为流传，用蛇来影射齐桓公也并非不可能。

无论真相怎样，郑厉公复辟对齐国来说利大于弊，至少郑国暂时停止了亲楚的外交策略。郑厉公回到阔别已久的都城新郑，立刻将首功之臣傅瑕杀死，并派人对郑国重臣原繁说："傅瑕对国君有二心，如今他受到了应有的惩罚。我需要一个对国家没有二心的人来辅佐我，并拜他为上卿，因此寡人想与伯父您共商国事。只是寡人离开国家很久，在此期间，伯父您并没有告诉寡人郑国之事；寡人归来后，伯父您又刻意疏远寡人，寡人感觉很遗憾。"

原繁是郑庄公的庶兄，按照辈分来说，郑厉公的确应该称他一声伯父。不仅如此，原繁还参加过繻葛之战，是郑庄公率军坐镇中路的两个副将之一，另一人则是高渠弥。此时距离郑庄公即位已有六十多年，距离繻葛之战也近三十年，当年郑庄公麾下群臣早已凋零殆尽。以原繁的出身和资历，在郑国德高望重，因此郑厉公才会如此客气地请原繁出山。

但郑庄公这番话又暗暗对原繁有敲打之意。他说傅瑕对国君有二心，是为不忠，因此将对方杀了。眼下他需要一个忠臣来辅佐自己，并且会任命对方做上卿。郑厉公紧接着请原繁出山，言外之意，原繁便是那位忠臣。然而，郑厉公后两句话则是在抱怨原繁此前没有帮助他复辟，郑厉公复辟后原繁也与他不亲近。

25 九合诸侯——齐桓公称霸的坎坷之路

原繁宦海沉浮数十年，对郑厉公的潜台词一清二楚，于是他回答说："先君桓公❶让我的先人掌管宗庙，郑国有君主，而我却心在国外，没有比这更不忠的事情了。"原繁针对二心之事委婉地回击了郑厉公，原繁本意是之前郑子婴是国君，我若暗中与你勾结，那便是里通外国，是对国君不忠。

原繁接着又说："您说做臣子的不能有二心，策划请您回国之人，也是对郑子婴不忠的。况且郑庄公之子如今还有八人幸存，若他们都用官爵贿赂他人，引诱他人不忠以达到篡位的目的，您又将如何自处？"原繁这番话则是反过来敲打郑厉公，指出郑厉公篡位是不忠的表现；同时，郑厉公以官爵贿赂大夫，如果其他公子也这样做，郑厉公又将如何自处？

最后，原繁只说了一句话："臣闻命矣。"这句话，无论直译还是意译，都无法诠释出原繁的风骨和悲壮。

随后，原繁用自己的生命诠释了这句话，他上吊自尽于家中。"您为君，我为臣，您命我为上卿，但是，我不接受。"

郑庄公时代最后一位肱股之臣就这样结束了自己的一生。原繁之死，并没有影响郑厉公对郑国的统治，他复辟后便开始清洗参与雍纠之乱的朝中旧臣，为当年之事报仇。同年冬天，郑厉公参与了齐桓公组织的鄄地会盟。

这次鄄地会盟并没有确立齐桓公的霸主地位。然而数月后，即次年公元前679年春，齐桓公组织了第二次鄄地会盟，齐桓公、宋桓公、陈宣公、卫惠公、郑厉公参与会盟。至此，齐桓公始霸中原❷。

在第二次鄄地会盟中，陈宣公的加入让齐楚争霸有了一丝风雨将至的

---

❶ 郑庄公的爷爷。
❷ 《左传·庄公十五年》记载："十五年春，复会焉，齐始霸也。"

感觉。陈国和蔡国向来拥护周王室,两国多次共同进退。然而在第二次鄄地会盟前,楚国二度伐蔡,彻底将蔡国划入自己的势力范围。陈国与蔡国相邻,楚国若入侵中原,陈国首当其冲。因此,陈国主动寻求齐国庇护,积极参与齐桓公主导的会盟。

尽管齐桓公在第二次鄄地会盟中坐实了霸主之名,但他的称霸之路充满了背叛和钩心斗角,远没有人们想象中那样顺遂。

郑厉公与宋国有着剪不断理还乱的爱恨情仇,第二次鄄地会盟后,齐桓公组织诸侯联军为宋国讨伐郳国❶时,郑厉公趁机背刺宋国,出兵侵宋❷。

齐桓公主导的联盟出现内斗,郑厉公以实际行动背盟。对齐国君臣来说,此事绝不能姑息,必将严惩到底,以儆效尤。

于是在公元前678年夏天,齐、宋、卫三国联军大举伐郑。郑厉公的军事才能毋庸置疑,他这一生征战沙场,从未落于下风。面对诸侯联军,他动员全国,与联军抗衡周旋。

联军有兵力优势,郑军有地利优势,而且郑厉公指挥得当,因此一连数月,战事都处于胶着状态。正当双方难分胜负时,一支南方劲旅终于如愿北进中原——楚文王率军伐郑❸。

自从郑厉公取代郑子婴执掌国政,郑国由亲楚转向亲齐。如今郑齐翻脸,郑厉公与诸侯联军兵戈相见,对楚文王来说,这是天赐良机。他以郑厉公即位后没有告知楚国为由,率楚军借道蔡国,兵锋直抵栎地。

---

❶ 一说今山东省滕州市以东,另一说山东省枣庄市西北。
❷ 《左传·庄公十五年》记载:"秋,诸侯为宋伐郳。郑人间之而侵宋。"
❸ 《左传·庄公十六年》记载:"秋,荆伐郑。自楚武王僭越称王后,春秋史官常以荆指代楚国,多有贬义。"

26 幽地会盟
——齐、楚之间的交锋试探

齐桓公和管仲收到楚国北上的军情后，立刻意识到这是一个攘夷的好机会。毕竟在中原各国眼中，楚国是这个时代最大的蛮夷。于是齐桓公主动派使者到郑军大营表达了和谈的意愿。郑厉公两线作战，苦不堪言，他顺势接受了齐桓公的和谈建议。齐、宋、卫、郑四国合兵一处，掉转枪头征伐楚国。

数月后，公元前678年，齐桓公与宋桓公、陈宣公、卫惠公、郑厉公、许穆公、滑伯❶、滕子❷在幽地❸会盟，齐国的坚定拥护者邾国则因为国君身体抱恙，缺席会盟。同月，邾子❹去世。

在幽地会盟中，针对如何痛击荆楚蛮夷的议题，与会代表纷纷发表了各自意见，众人响应齐桓公提出的"尊王攘夷"的口号，再次拥护齐桓公为诸侯霸主。与会者表示，愿听从齐桓公的领导，共同对抗荆楚蛮夷。历史将时代的重任放在了齐桓公的肩膀上，齐桓公顺应民意，义不容辞地扛起"尊王攘夷"的大旗，为青史留下了浓墨重彩的一笔。❺

---

❶ 滑国国君，伯爵国。
❷ 滕国国君，子爵国。
❸ 今河南省兰考县。
❹ 邾国国君，子爵国。
❺ 《左传·庄公十六年》记载："冬，同盟于幽，郑成也。"

翻开公元前678年的春秋地图，不难发现幽地会盟的阵容空前强大，未到场的鲁国和邾国早已与齐国结盟，而齐、宋、卫、郑、陈、许等国也控制了中原绝大多数区域。

此时齐桓公手上不仅有强大的齐国，身后更有众多盟友。放眼天下，或许只有楚国敢与之争锋。

自楚文王即位以来，楚国灭申、邓、息等国，又与蔡国结盟，打开北征中原的大门。在楚人心中，楚文王是一代雄主。而且楚文王唯贤是用，他灭申国后，俘获申国之人彭仲爽，楚文王发现彭仲爽乃是奇才，便任命他为楚国令尹，可见楚文王的胸襟与齐桓公相比丝毫不差。

《楚史》称楚文王强硬如挟雷带电，诡谲如翻云覆雨。这样一代雄主，面对幽地会盟中空前强大的诸侯联军，最终选择了撤退。

楚文王入侵郑国，只为称霸诸侯。既非生死之战，他便不会硬憾强敌，很冷静地率兵回国。

齐桓公则凭借幽地会盟之威，不战而屈人之兵，在齐楚争霸的第一回合中抢得先机，彻底奠定了他中原霸主的地位。

历史似乎和齐楚两国开了一个小玩笑，在他们第一次交锋后，双方都遇到了一些麻烦。

27 子元之乱
——楚国深陷八年内乱泥潭

楚文王在幽地会盟中铩羽而归，两年后，楚国的盟友巴国背叛楚国。这次叛乱早有伏笔，公元前704年，沈鹿会盟后不久，楚武王伐随时顺便灭了权国，并将权国设置为权县。这是中国历史上的第一个县。当时楚武王命楚国贵族斗缗为权县县令。

权县等同于一个小诸侯国，斗缗便相当于封疆大吏，他治理权县时，权力欲开始膨胀，想搞地方割据以背叛楚国。楚武王是铁腕国君，他直接派兵镇压，将斗缗就地正法，并将斗缗治理的子民全部迁到那处❶，同时任命阎敖为那处县令。

万万没想到，阎敖在那处实行暴政。公元前676年，那处民怨沸腾。巴国见有机可乘，便出兵攻打。县令阎敖猝不及防，连丢两座城邑，他不敌之下，跳河游水逃回楚国。❷

巴国军队乘胜长驱直入，一度攻打到楚国郢都附近。楚文王本谋划北上争霸，没提防背后盟友的叛乱。他得知消息后，又惊又怒，立即率兵抵抗，最终击退了巴国的进攻。

---

❶ 今湖北省荆门南部。
❷ 另有一种说法，阎敖对巴国之人实行暴虐统治，让巴国不满，因此新仇旧恨夹杂在一起，让巴国趁势叛乱。因巴国位于四川，且那处为权县移民，故笔者倾向于认为那处之战为巴国趁势入侵。

国都危机解除，楚文王盛怒未消，他直接处死了阎敖。阎敖的族人得知消息后，对楚文王怀恨在心，他们主动勾结巴国，里应外合，再次发动叛乱。楚文王占据地理优势，又一次抵御住敌军的进攻。

公元前675年，楚文王决定率大军反击，与巴国在津地决战。对阵双方都是硬骨头，楚国民风彪悍，巴国也不遑多让。两军摆开车马，拉开架势。一场大战过后，楚军大败，楚文王身中一箭，生命垂危。他带领残兵败将一路狂奔，回到郢都后才松了一口气。让他万万没想到的是，郢都守门将领鬻拳拒绝开门。他刚松的这口气，又吸了回去。

鬻拳在城墙上向楚文王喊话："大王，自从您即位以来，每次出征都得胜而归。如今平乱巴国这等乌合之众居然大败，实在有违先王的威名。您需要得胜而归，臣才能开门迎接。"

相传楚武王在位期间，亲自立下了不胜不归的规矩。鬻拳的要求并非无理取闹。

楚文王深知鬻拳的脾气，无奈之下，只能掉转方向，征伐附近的黄国，取胜后才率军归来。时值六月盛夏，楚文王身负重伤，颠簸中伤势加重，最终不治身亡。

鬻拳平静地将楚文王安葬，随后自尽于楚文王坟前。后人有感于鬻拳的忠诚，便将他安葬于楚文王的地宫前院。

楚文王去世后，留下的遗孤年龄幼小，楚国很快发生了内乱。文夫人所生的长子熊艰继承楚国国君之位。史书记载，熊艰即位后，想要杀死弟弟熊恽。熊恽为求自保，只能逃到随国流亡。然而背后的真相，远比人们想象的复杂。

虽然史书中没有记载熊艰的出生年月，但楚文王是在公元前684年夏天

27 子元之乱——楚国深陷八年内乱泥潭

以后俘虏蔡哀侯，此后抢夺文夫人，又经十月怀胎，熊艰的出生不会早于公元前683年。楚武王于公元前675年去世，因此，熊艰最多不过九岁，他弟弟熊恽则更年幼。

两个未满十岁的孩童上演手足相残的戏码，这背后一定有不为人知的权谋争斗。三年后，流亡于随国的熊恽借兵将熊艰杀死，随后他登上国君之位，成为楚成王。而在位三年的熊艰却连谥号都没有获得。

楚成王即位后，军政大权落入了他的叔叔子元手中。此时子元官拜令尹，很有摄政王的意味。令尹子元没有兄长的雄才大略，却与兄长的审美趣味相同，他拜倒在文夫人的石榴裙下。为了勾引文夫人，他特地在文夫人的寝宫旁造了一间房舍，并在里面摇铃跳着万舞。

古时候的舞蹈分为很多种，有用来欣赏的舞蹈，有祭祀用的舞蹈，有训练战备的舞蹈，不一而足。而子元跳的万舞，曾经是楚文王用来备战的。

文夫人对侍者说，先王用万舞备战，令尹大人将万舞却用在一个寡妇身上，这很奇怪。

侍者将文夫人的原话转述给子元，子元顿时羞愧难当，他说："妇女尚且不忘记楚国之仇，我反而忘记了。"

所谓冲冠一怒为红颜，羞愧过后，子元也想建功立业，以抱得美人归。楚国一向有北进中原的打算，楚文王拿下蔡国后，北上有两条路，一是攻打陈国，二是攻打郑国。而陈国是文夫人的母国，子元想要北上，只能攻打郑国。

公元前666年，子元出动六百辆兵车，借道蔡国北上，浩浩荡荡杀向郑国。

此时郑国的一代将星郑厉公已经去世六年，国君继承者郑文公碌碌无为，没有组织任何抵抗。楚军大摇大摆地经过桔柣之门❶，进入郑国。

子元兵临城下后，带着斗御强、斗梧等人做先锋，率先大刀阔马杀入，同时让斗班、王孙游、王孙喜等人领兵殿后。奇怪的是，楚军一路还是没有遇到任何抵抗。

子元心生疑惑，越走越心惊，当他的兵车进入新郑纯门❷后，依然没有遇到郑军的半个人影。

不多时，子元率先锋抵达逵市❸，他远远看见内城城门高悬，毫无防备，顿时心惊肉跳，生怕郑国有高人出谋划策，设下埋伏，便率领楚军立刻撤出新郑城郭。

子元的猜测一点都没错，郑国的确有高人指点，这人名为叔詹，是郑文公朝中的大夫。当郑国收到楚军大举来犯的军情时，叔詹说："如今郑国是齐国的盟友，我们向齐国求援，他们必定会率军来救。"

然而齐国远在天边，楚军则近在眼前。齐军驰援郑国，需要花费不少时日。万一郑国拼死抵抗，将兵力消耗一空，只会让姗姗来迟的齐国坐收渔翁之利。

因此，叔詹大胆地唱了一出空城记，一来可以争取时间，二来可以保存郑军实力。等援军来到，郑军再跟进也不迟。

这出空城计收到了奇效，吓得子元直接退兵。楚军尚未走远，楚国探子回报，诸侯援郑，齐、鲁、宋三军正在赶往新郑的路上。

---

❶ 国都远郊的大门，类似于进京高速入口。
❷ 古代城池分为内城和城郭，纯门是城郭的大门。
❸ 内城与城郭之间的市场。

27 子元之乱——楚国深陷八年内乱泥潭

子元听罢，顿时魂飞魄散，下令连夜遁逃。郑军见出现转机，便趁势追击，一直追到桐丘❶。郑军探子回报说："楚军军营之上有乌鸦盘旋。"言外之意，既然有乌鸦，说明军营中无人，楚军早已遁逃。于是郑军放弃追击。

楚国子元大举北上，最终却不战而逃，这是体现他昏庸无能的一件事。子元当政八年，楚国不复往日的威名，声望每况愈下，历史将这一段时期称为子元之乱。

公元前664年，子元伐郑失败后的第二年，他觊觎文夫人的美貌，准备搬入王宫内。这种公然挑逗先王遗孀的行为引起了楚国贵族的不满，其中若敖氏一族公然声讨子元。

若敖氏的先祖是楚国第十四任国君楚若敖，因此族人以先祖之名，自称若敖氏。随着家族开枝散叶，若敖氏内部又分为斗氏和成氏。在春秋前半段，若敖氏能人辈出，楚国第一任令尹斗伯比便出自若敖氏。

子元倚仗令尹权势，将声讨他的若敖氏族人囚禁起来，此举激怒了若敖氏一族。申公斗班❷一怒之下率族人闯入宫中，将子元斩杀。

子元死后，做了八年傀儡的楚成王终于勤政；而在乱世中身不由己的文夫人从此深居宫中，不问世事。

自从楚文王死后，先有二子争位，后有子元之乱，楚国的贵族阶层争权夺利，导致楚国内部氏族实力越来越强，楚国却府库空竭，难以为继。

新任楚国令尹出自平定子元之乱的若敖氏一族，他是若敖氏的族长，

---

❶ 今河南省扶沟县以西。
❷ 楚国吞并申国后，将若敖氏的族人封在申县，楚国的申公与此前的申国国君不同。

名为斗穀於菟考证参见附录15。为了解决楚国面临的困境，他做出了一个重要的决定，便是将若敖氏一族的家财充入国库，解决楚国财政空虚的问题。史书上对此给予很高的评价，称斗穀於菟自毁其家以纾楚国之难。

在斗穀於菟的努力下，楚国终于从先君去世的动荡中恢复过来。

楚国之乱长达十几年，这原本是齐桓公伐楚的大好时机，然而，齐桓公九合诸侯，一匡天下，看似风光的霸业背后却隐藏着很多问题——会盟形式松散，很难抵挡利益的冲击；同时，齐国联盟中太多的内耗也让齐桓公失去了伐楚的良机。

28 貌合神离
——九合诸侯背后的钩心斗角

幽地会盟后，齐桓公志得意满地率军回国。次年，郑厉公没有前往齐国觐见齐桓公，而仅仅派了一个小人物郑詹[1]代替自己觐见。齐桓公对此非常不满，便将郑詹扣押下来。

回顾郑厉公的一生，他是一个喜欢将命运掌握在自己手中的人。楚国退兵后，齐桓公以霸主之位扣押郑国使臣之事触动了郑厉公，他开始苦心孤诣地谋划郑国的未来。

郑厉公的洞察力很强，他察觉到了齐桓公的称霸策略，用后世之言形容，便是挟天子以令诸侯。但挟天子需要实力，郑国这二十多年来几经动荡，早已不复郑庄公时代的辉煌；周釐王又被齐国腐蚀得骄奢淫逸，郑国无法在财力上与齐国一较高下。

正当郑厉公有心杀敌、无力回天之时，戏剧性的一幕又出现了。公元前677年春天，周釐王驾崩。一朝天子一朝臣，属于郑厉公的机会来了。新君周惠王即位后的第二年，天子迎娶陈国女子为王后。依照规矩，周王室婚丧嫁娶的流程理应交由鲁国操持，然而这一次，周惠王却命虢国、晋国、郑国的三位国君前往陈国迎娶王后。

从这一年开始，郑厉公与周王室的关系越来越密切。而真正让郑厉公

---

[1] 郑詹仅在《左传》中出现这一次，《公羊传》记载："郑瞻者何？郑之微者也。"

可以挟天子以令诸侯的事件，则是两年后发生的一场叛乱。公元前675年冬，也是楚文王去世的半年后，周王室成员王子颓率卫国与南燕国的军队作乱，杀回成周雒邑。周惠王不敌，被破流亡。历史上将这次叛乱称为王子颓之乱<u>考证参见附录16</u>。

郑厉公得知消息后，主动出面调停，却遭到了叛党的拒绝。为了获取政治声望，郑厉公决定出兵勤王。他率郑军出兵俘获了南燕国的国君仲父，砍掉了王子颓的一只爪牙。公元前674年夏天，郑厉公又找到流亡在外的周惠王，并将其安置在栎地，这里也是郑厉公得以复辟的大本营。同年秋天，郑厉公出兵攻入成周雒邑，又将象征天子权力的宝器席卷一空，带回郑国，归还于周惠王。

公元前673年，郑厉公见时机成熟，与虢国联合出兵。郑军与虢军在郑国境内的弭地❶集结，一同勤王救驾。没有人质疑郑厉公的军事才能，在他的率领下，很快攻破王城大门，并将王子颓及其党羽斩杀，终于帮助周惠王重登天子之位。

至此，郑厉公彻底抓住了历史机遇，他为周惠王复辟立下了头功。周惠王大喜，将虎牢以东的土地赏赐给郑国，而郑厉公也成为新一代尊王的扛鼎之人。

沧海横流方显英雄本色，自郑厉公于公元前680年归国执政以来，短短数年光阴，他稳定政局，恢复国力，更立下勤王救驾的奇功，齐桓公与之相比都有些黯淡无光。郑国祖上的荣光，庄公时代的辉煌，似乎都将在郑厉公身上重演。一切都是那么美好，两个月后，这个时代最伟大的将星郑

---

❶ 今河南省郑州新密市附近。

厉公不幸去世。

郑厉公之子接替了他的国君之位，史称郑文公。那一天，新郑都城上的斜阳余晖或许是郑国的最后一抹霞光，郑国这个中原四战之地从此沦为大国权谋征伐的战场。

郑厉公去世后，齐桓公少了强有力的竞争者，齐国也顺势频频施展外交与军事手段，以巩固他们的霸业。郑厉公死后一年，即公元前672年，齐桓公将哥哥齐襄公的女儿哀姜考证参见附录17许配给鲁国国君鲁庄公，以此加强齐国与鲁国的外交关系。可齐桓公没有想到，这场婚姻会为鲁国带来一场风波。同年，一个名为公子完的陈国青年也来到了齐国考证参见附录18。

29 庆父不死，鲁难不已
——庆父之乱的前因后果

鲁庄公与哀姜的政治联姻是一场悲剧。哀姜是鲁庄公的表妹，在她嫁入鲁国前，鲁庄公的心头挚爱是一位名叫孟任的妃子，而鲁庄公与孟任之间是另一场悲剧。

孟任出身于鲁国的大贵族党氏，党氏一族原本为姬姓，后因被封在党地，从此自称党氏。鲁国的国姓同样为姬姓。在春秋时期，有着同姓不婚的礼法。按照祖训，鲁庄公不可以迎娶党氏之女。

当初鲁庄公筑起一座高台，他登高远眺，刚好看到隔壁的大家闺秀孟任，并且对她一见倾心。鲁庄公不顾祖训，立刻对孟任展开了猛烈的追求。

孟任恪守同姓不婚的训诫，拒绝了鲁庄公的求爱。鲁庄公为了打动佳人芳心，当场割臂为盟，立孟任为夫人。如此这般，孟任才答应了鲁庄公的求爱。

可惜人在时代面前终究是渺小的。鲁国以周礼而闻名于天下，鲁庄公纵然贵为国君，也没能冲破宗法的桎梏，终其一生都没能立孟任为鲁国夫人。

据史料记载，鲁庄公生有四个儿子，但由于他与正室夫人哀姜是近亲结婚，偏偏二人没有子嗣，这也意味着鲁国没有嫡长子，国君之位的传承是一个大问题。

鲁国四位公子又不是一母所生。公子般的母亲是鲁庄公的心头挚爱孟任，公子启的母亲是随哀姜嫁入鲁国的媵女叔姜，公子申的母亲是鲁庄公

29 庆父不死，鲁难不已——庆父之乱的前因后果

的妾室成风，唯独公子遂的母亲在史书中未见记载。

在这四个儿子之中，鲁庄公最偏爱公子般，一来是爱屋及乌，二来是为了弥补未能将孟任立为鲁夫人的遗憾。自然而然，鲁庄公便想将公子般立为世子，日后由他来继承大统。

可公子般若想成为鲁国国君，还有一个最大的阻碍，那就是鲁庄公的弟弟——公子庆父。鲁庄公与孟任的婚姻不合礼法，公子般作为他们的儿子，在当时世人眼中属于出身不正。而公子庆父则不同，他作为鲁桓公之子，又参与朝政多年，若是按照兄终弟及的原则，公子庆父比公子般更适合成为鲁国国君。

在暗流涌动的权力游戏中，鲁国继承者之争一直悬而未决。

公元前662年，鲁庄公忽然病重，此时，他必须做出一个抉择。三十二年的国君生涯让鲁庄公心中多少有了帝王心性，他的二弟庆父和三弟叔牙向来关系莫逆，于是鲁庄公将三弟叔牙传唤到床前询问日后谁应当继承国君之位。

叔牙脱口而出，庆父才干过人，适合继承国君之位。

鲁庄公不动声色地让叔牙回去，紧接着将自己的四弟季友叫来询问。季友是鲁庄公同父同母的胞弟，他听到这个问题后，敏锐地察觉到了一丝异样。

很多时候，提问者并不在意答案本身，而更在意回答者的立场。季友猜到了大哥鲁庄公的心思，他答非所问地说了一句："我将誓死效忠公子般。"

这个回答深得鲁庄公之心，鲁庄公放下戒备，安排季友去杀死叔牙。随后季友以国君之名，派人通知叔牙在针巫家中等候。叔牙到场后，等待他的却是一杯酒。

季友劝叔牙说，你喝下这杯酒，你的后代仍可以在鲁国享有荣华富贵；你若是不喝，你死以后，你的后代也将被贬为庶民。

不必多言，这是一杯毒酒。大难临头的叔牙这才明白，自己终究是站错了队，权力的争斗就是这样残酷。最终叔牙将毒酒饮尽，他离开针巫府上，在赶回家的途中毒发身亡。

叔牙之死让庆父意识到鲁庄公并不想把国君之位拱手相让，为此他早早做了准备。

同年八月，鲁庄公去世，季友并未询问庆父的意见，而是按照他与先君的约定，迅速拥立公子般为国君。按照规矩，公子般的即位大典必须等到鲁庄公去世后的第一个新年后举办。换言之，公子般还需要耐心等待四个月才能成为真正的国君。

季友担心庆父铤而走险，他安排公子般在母亲孟任的娘家党氏躲避。党氏身为鲁国贵族，多少有些实力。

可庆父早有准备，他并没有给对方机会。两个月后，他派人潜入党氏家中，将公子般弑杀。凶手名为荦，与公子般有旧仇。

想当年鲁国贵族梁氏在家中办礼，邀请公子般的妹妹前去观礼。荦恰巧也在梁家，他不知对方是国君之女，竟出言调戏。公子般得知妹妹在外受辱，勃然大怒，派人将荦抓来好一顿毒打。

荦也不是寻常之人，他是鲁国远近闻名的猛士，双臂力有千斤，能够徒手将马车顶盖扔过高大的城门。

鲁庄公得知公子般的所作所为后，责怪公子般不应该鞭打荦，而应该将其杀死，以绝后患。谁料鲁庄公一语成谶，公子般竟死在了荦之手中。

庆父利用荦与公子般的过节除掉了对方，随后拥立哀姜的媵女之子公

㉙ 庆父不死，鲁难不已——庆父之乱的前因后果

子启为国君，史称鲁闵公。因为公子般没能完成即位大典，他没有谥号，史称鲁君子般。

季友曾信誓旦旦地说拥立公子般，而当真正需要他杀死庆父复仇时，他却外逃至陈国流亡。

自从当年鲁桓公死于齐国之手，庆父一直仇视齐国，他此前三番五次想要出兵伐齐。庆父扶持鲁闵公即位后，他开始把持朝政，鲁国便成为齐桓公霸业中的不稳定因素。

或许齐桓公有出兵帮助鲁国平乱的心思，然而，在鲁闵公即位的同一年春天，北方的戎狄南下入侵邢国。

由于鲁国政局不稳，齐桓公担心庆父趁齐军北上之时出兵伐齐，他并不想帮助邢国驱逐戎狄。

管仲劝谏说，戎狄与豺狼虎豹无异，若放任不管，他们将得寸进尺。齐国若想让诸侯信服，必然要对邢国施以援手。

最终，齐桓公听从管仲的建议，出兵北上。齐军此次并未陷入苦战，戎狄在得知邢国援军到来后，很快便撤离邢国。

在齐桓公帮助邢国驱逐戎狄后，由鲁国传来了一个好消息——鲁闵公向齐桓公示好，寻求结盟。

因为鲁闵公心知庆父为人心狠手辣，他作为傀儡，需要一些自保的手段。对他来说，称霸中原的齐桓公是一个不错的选择。

因此，鲁闵公在即位后的第一年八月，为了得到齐桓公的支持，与齐国在落姑会盟。同时，鲁闵公请求齐桓公派人请季友回鲁国。

鲁国和宋国是齐桓公会盟中的两个核心成员国，两国的内政稳定对齐国的霸业至关重要。齐桓公也希望鲁闵公能压制对齐国怀有敌意的庆父，

于是答应了对方的请求。

不过,齐桓公终究还是放心不下鲁国,毕竟齐鲁接壤,鲁国一日不稳,伐楚大业便一日不敢轻举妄动。倘若庆父趁齐桓公南下远征之时,率鲁军入侵齐国,后果不堪设想。

事情的发展出人意料,同年冬天,卫国也传来戎狄入侵的消息,时任卫国国君的卫懿公在抵御戎狄的荥泽之战中阵亡,卫国几近灭国。

一边是盟友卫国山河破碎,另一边是鲁国内政不稳,齐桓公左右为难。最终,齐桓公为了探清鲁国虚实,派仲孙湫出使鲁国,以慰问之名,行考察之实。仲孙湫评估了鲁国政局后,归来汇报时说了八个字:庆父不死,鲁难不已。

只要庆父把持着鲁国朝政,鲁国的内乱便不会终止。

齐桓公听罢,只回了五个字:鲁国可取否?此时齐桓公已经动了杀心,想趁机将鲁国吞并。

仲孙湫连连摇头,不行,鲁国以周礼立国,如今他们还持有礼乐制度,齐国不能吞并鲁国,而应该帮助鲁国平定内乱,进而安定其他诸侯的心态,如此才能完成称霸大业。

仲孙湫的建议反映出了礼乐制度深入人心。齐桓公之所以可以九合诸侯一匡天下,倚仗的正是"尊王攘夷"之策,而这个策略的根基就是礼乐制度。鲁国以周礼治天下,齐国伐鲁,便是在动摇自身霸业的根基。

齐桓公听从仲孙湫的建议,放弃了伐鲁的计划,转而出兵帮助卫国复国。恰在此时,齐桓公收到了一则从鲁国传来的新消息——鲁闵公被臣下弑杀。

这一切果然与庆父有关。庆父与哀姜私通,联手杀死了鲁闵公。可如今齐军正在外安定卫国,无力回援鲁国平乱。正当齐桓公陷入困境时,鲁

29 庆父不死，鲁难不已——庆父之乱的前因后果

国却自己解决了麻烦。

由于庆父与哀姜的弑君暴行引起了鲁国臣民的不满，鲁国大夫季友在得知政变的消息后不再沉默，而是联系了鲁庄公的另一个儿子公子申，依靠民众的支持，平定了庆父之乱。

庆父在内连弑两位国君，在外与齐桓公交恶，所作所为不得人心。庆父见大势已去，自己无力回天，只能逃往莒国。随后，季友率鲁国群臣拥立公子申为国君，史称鲁僖公。

如此一来，齐桓公暂时消除了后顾之忧。

庆父去莒国流亡，可谓天堂有路他不走，地狱无门闯进来。想当年齐桓公身为公子时在莒国流亡，而后莒国更是派护卫送齐桓公回国争位。齐桓公即位后，感念莒国之恩，从未兴兵讨伐莒国。放眼齐桓公时代，齐国与莒国的关系非常紧密。齐桓公一直想除掉庆父，对方却逃到莒国，等同于自投罗网。

鲁国的季友为莒国献上重金，莒国则将庆父双手奉上，庆父在山穷水尽之时自尽而亡。

鲁国内乱的首恶伏诛，从犯哀姜则外逃至邾国。自北杏会盟起，二十多年来，邾国在外交上一直追随齐国。在得知哀姜在邾国流亡后，齐桓公立刻派人将其抓住，旋即将其斩杀。

齐桓公对哀姜或多或少有迁怒之意。当初齐国为稳定与鲁国的外交关系，将哀姜嫁入鲁国，然而哀姜不仅没能完成使命，更是与庆父纠缠不清，令鲁国成为齐国霸业的潜在隐患。

公元前660年八月，随着庆父与哀姜的死亡，鲁国这次内乱终于尘埃落定，鲁僖公在季友的辅佐下迅速稳定了鲁国的政局。齐桓公正准备进一步推进霸业时，数月后，又一次收到了北方蛮夷入侵的军情。

30 尊王攘夷
——齐桓公驱逐蛮夷

数年来，北方戎狄日益猖獗。公元前664年，燕国以山戎入侵之名，请齐国出兵援助。齐桓公率军北上，斩孤竹而南归考证参见附录19。公元前660年，齐桓公与宋桓公联手帮助卫国考证参见附录20迁都至曹地，并让他的儿子公子无亏率兵车三百、甲士三千戍守曹地，援助卫国灾后重建。

谁都不曾料到，在卫国遭遇灭顶之灾的次年，即公元前659年春天，戎狄再次南侵，将兵锋对准了邢国。

此时春秋的形势，远比后人想象的复杂。

戎狄入侵前没有征兆，来无影去无踪，频繁的入侵让中原诸侯头疼不已。在齐桓公组建的联盟中，卫国倾颓未复，鲁国内乱初定，郑国反复无常。而远在南方的霸主楚国已经逐渐从子元之乱中恢复过来，他们对中原的觊觎之心蠢蠢欲动。

若齐桓公为剿灭戎狄，大举出兵北上，戎狄再次撤退，无论齐桓公是否追击，都会陷入两难之境。如果追击，戎狄继续向北逃窜，联军找不到决战的契机，被敌军拖在北方，一旦楚军趁机偷袭中原，齐国的霸业必然不稳。如果不追击，戎狄会故技重施，再次寻找南下入侵的良机。

所幸，齐国在黄河以北还有一支部队——公子无亏率领的三百兵车以及三千甲士正在曹地戍守。最终，齐桓公决定尝试歼灭戎狄。他命邢国守军拖住戎狄的主力，为齐国、宋国、曹国集结部队争取时间，届时援军将北上堵住戎狄的退路，一劳永逸地歼灭戎狄。

完美的战略同样需要完美地执行。可惜邢国在戎狄面前不堪一击，没能在正面战场上拖住敌军。齐、宋、曹三国联军无奈只能匆忙开拔。不久后，在大军行进至聂北❶时，邢国守军兵败如山倒，前赴后继地退至聂北投靠齐桓公的联军。

邢国的溃败让齐桓公战前的部署付之东流，面对瞬息万变的战局，联军只能驻扎在聂北整顿前方溃败的部队，随后继续北上，一直拖到这年夏天才将戎狄驱逐出邢国。

此战联军兴师动众却没能达到战略目的，一旦联军撤兵，戎狄势必卷土重来，邢国依然无力阻挡。无奈之下，诸侯们商讨出一个权宜之策——将邢国迁至夷仪❷。

齐桓公身为中原霸主，他在帮助邢国迁都之事上，目光放得很长远。他并没有私吞象征邢国统治权力的青铜器，而是希望邢国能成为抵抗北方戎狄的第一道防线。

卫、邢两国相继南迁，虽然他们被迫放弃了大片土地，但也让他们与黄河以南的中原诸侯联系更加紧密。此外，齐桓公建立的联盟面对北方戎狄时选择了战略收缩，种种事实表明，齐桓公意图从北方戎狄之患中抽身，以便剑指南方，与楚国争霸。

---

❶ 古地名，据考证在今山东省兖州附近。
❷ 对于夷仪的位置存在争议，一说在今河北省邢台西北，另一说在今山东省聊城附近。鉴于邢台孤悬北方，又是邢国故地，前往邢台的战略意义不大，因此，笔者倾向于夷仪位于今山东省聊城附近。聊城在当时位于齐、鲁、曹三国交界处，西南面是宋国以及在曹地重建的卫国，邢国迁至此处，与中原诸侯联系更紧密，也方便各国联兵抵抗戎狄。除此之外，几十年后卫国将邢国吞并，据此推断，两国应该相距不远。

公元前659年夏天，邢国迁都夷仪。同年秋天，沉寂已久的楚国再次入侵中原。这一次，时任楚国国君楚成王依旧将郑国作为争霸中原的突破口，以郑国亲近齐国为由，出兵伐郑。

31 齐楚争霸——跌宕起伏的权谋大戏

公元前659年，齐桓公忙于抵御北方的戎狄，楚成王与令尹斗穀於菟率军北上，逐鹿中原。至此，齐楚争霸进入白热化阶段。也是从这一年开始，很多史书第一次将楚国称为楚，而不是带有贬义的荆或荆蛮。

中原霸主齐桓公对此迅速做出反应，他马不停蹄地号召诸侯在宋国的莘地❶会盟。

莘地会盟的参与者为齐、鲁、郑、宋、邾、曹六国，其中曹国为新晋成员，因为卫、邢两国相继迁往曹国附近。随着战略态势的变化，曹国地位逐渐上升，因此他们也参与了莘地会盟。

此番会盟的主要议题是如何救援郑国，而在这表象的背后却是齐楚两国权力的角逐，郑国不过是一枚棋子。

早在数年前，齐桓公便想出兵伐楚。此前楚国有子元之乱，原本是齐国伐楚的好时机，然而诸侯国的连番变故让齐桓公应接不暇，他并没有强行伐楚。

莘地会盟后，诸侯们很快集结起大军，前往郑国救援。

齐楚之间的争霸仿佛是在纵横十九路棋盘上的对弈，双方都在想方设法地谋取对方的棋子。真正的权谋高手不仅谋一城一池的得失，更在于谋

---

❶ 又称柽地，位于今河南省淮阳县西北。

势。当势成之时，便意味着战略取得了成效。而在正确的战略面前，战术不值一提。

楚国崛起于汉阳之地，自楚武王沈鹿会盟起，楚国便开始谋求争霸之势。三代楚王通过伐随、伐申、伐邓、伐蔡、伐息，每一步都是为谋求争霸之势落下的棋子。短短数十年，楚国迅速扩张，奠定了逐鹿中原的基础。

反观齐国，齐桓公即位后，他在以管仲为首的齐国五贤的辅佐下，高举"尊王攘夷"的旗帜，九合诸侯，一匡天下。从冷冷清清的北杏会盟开始，通过数次会盟，奠定了中原霸主的地位，攫取了会盟成员的朝贡。

楚成王在公元前659年的伐郑之举颇有试探意味，当他面对援郑联军时，没有选择主动应战，而是再次选择了撤退，率军回国。

此后数年，齐楚两国明争暗斗，演绎了一场权力的游戏，其间无数权谋纷至沓来，天下风云涌动。

齐桓公率先在这张争霸的棋盘上落子。公元前658年，他以宋国为桥梁，联络江国和黄国结盟。

这两个国家迫于楚国的威势，不得不臣服于楚国。当年楚文王与巴国对战，败北而归后，鬻拳拒绝为其开门，楚文王只能再次征伐，谋求胜利。那一战被讨伐的对象便是黄国。

齐桓公拉拢江、黄两国，并与对方在宋国境内的贯地❶会盟，他想让这两国成为钳制楚国的桥头堡。齐桓公的这一手落子极具战略眼光，因为江、黄两国位于楚国的东北方向，又在息国和蔡国以南，如果楚军借道蔡国伐郑，江、黄两国可以出兵阻断楚军退路。暂且不论江、黄两国能否出

---

❶ 今山东省曹县以南。

兵，单是有这种可能，对楚国来说便是不得不防的隐患。

楚成王的作风一向天马行空，他没有对江、黄两国展开争夺，反而依旧围绕郑国落子。齐桓公与江、黄两国结盟的那年冬天，楚成王再次出兵伐郑。楚军大将斗章攻陷了聃地❶，并俘获了当地的统治者聃伯。

聃地位于郑、蔡两国边境，面积很小。楚成王以蔡国为跳板，侵吞聃地，慢慢蚕食郑国的土地。楚成王分寸拿捏得极好，郑国远离齐国，而聃地面积又很小，若齐桓公因此会盟诸侯，集结大军前来，楚成王可以将聃地作为弃子，回师楚国；而联军千里驰援，后勤补给的损耗极大，齐国将会为此付出不小的代价。

齐桓公对此心知肚明，齐军数次驰援郑国，楚军则每每避而不战，此行若重蹈覆辙，齐军又将面临疲于奔命的境地。齐国君臣对势态进行评估后，改变了以往的策略。次年秋天，齐国与宋国、江国、黄国在阳谷❷会盟，商讨伐楚之事。

齐桓公未能在阳谷会盟中称心如意，虽然江、黄两国作为小国，很多时候身不由己，然而他们仍会在夹缝中艰难地求生存。两国毕竟位于楚国身侧，一旦楚成王震怒，挥兵讨伐，届时齐国鞭长莫及，江、黄两国则有沦为弃子的危机，最终成为齐楚争霸的牺牲者。

因此，阳谷会盟绵延至冬日，与会者迟迟没有达成一致意见。在会盟进入尾声时，鲁国派公子友加入会盟，但依然未见成果。

在阳谷会盟陷入僵局之时，楚成王又一次出兵入侵郑国。自公元前659

---

❶ 今河南省平舆县附近。
❷ 今山东省阳谷县附近。

年起，一连三年，楚军都在秋冬季入侵郑国。

郑国并不需要各路诸侯对他们的声援，而是需要联军对楚国入侵者的迎头痛击。毕竟每次楚军北上，郑国都首当其冲，是最直接的受害者。时任郑国国君的郑文公苦苦期盼援军的到来，却每每落空。终于，在第三年时，郑文公不堪其扰，转而谋求与楚成王和谈。

郑国大夫孔叔急忙劝谏："大王，此事万万不可。齐国正为我们忙碌奔波，郑国不可背叛盟约，更何况背德不祥。"

郑文公权衡利弊，暂时采纳了孔叔的建议，但这并不意味着郑国对会盟是忠诚的。

正当齐楚争霸陷入胶着之时，齐桓公的后宫中却发生了一件耐人寻味的小事。公元前657年，当江、黄两国没能按照齐桓公的意愿出兵伐楚时，齐桓公正与蔡姬泛舟湖上，饱览湖光山色。

蔡姬是蔡哀侯之女，也是时任蔡国国君蔡穆公的妹妹。当年蔡哀侯被楚国囚禁，最终老死他乡。他的儿子蔡穆公即位后，将妹妹嫁给齐桓公为妾。这场婚姻背后，不可避免地掺杂了政治目的。

在齐楚争霸愈演愈烈之际，齐桓公与蔡姬共乘一舟。蔡姬不停地摇晃小船，齐桓公不通水性，当场吓得脸色大变，出声禁止蔡姬摇晃。蔡姬非但没有停止，反而摇晃得更起劲。下船后，齐桓公派人将蔡姬送回娘家蔡国，以示惩罚，却没有正式休妻。

蔡穆公见到妹子蔡姬归来，一时间错愕。待他问清事情原委后，陷入了沉思。

齐桓公身为中原霸主，已经执掌齐国三十余年。从齐桓公过往的所作所为判断，他是一个有容人之量的人，不会因为这件小事大动干戈。齐桓公将蔡姬送回蔡国，更像是在试探。

楚国盘踞荆楚之地，想要北上中原，有两条路，一是通过南阳盆地，二是以陈、蔡两国为跳板北上。南阳盆地北有伏牛山，东有桐柏山，西依秦岭，南接大巴山余脉，东南方向为大别山，这种群山环绕的盆地地形，行军多有阻碍。而楚国从息国故地借道陈、蔡两国的北上之路则是一马平川，便于兵车行进。

因为地形因素，近三年来，楚国每次伐郑都以蔡国作为跳板，蔡国的立场对齐楚争霸至关重要。如果蔡国倒向齐国，楚国借陈、蔡两国的北上之路必然受阻，这对齐桓公扼制楚国十分关键。陈国已经加入齐桓公的联盟，蔡国的立场变得极为重要。

蔡穆公猜测齐桓公希望蔡国能够派人送蔡姬回国，并赔礼道歉。齐桓公则借机逼迫蔡穆公加入齐国主导的会盟。一旦蔡穆公选择齐国，楚国必然大举伐蔡。楚国与蔡国接壤，而且以蔡国之力，实难抵挡。两害相较取其轻，蔡穆公最终还是决定投靠楚国，他甚至在同年将蔡姬嫁入楚国。

齐桓公得知蔡穆公的举动后，震怒无比。在公元前656年春天，齐桓公亲率齐、鲁、宋、郑、陈、卫、许、曹八国联军，南下攻打蔡国。至此，齐楚争霸进入白热化阶段。

参与伐蔡的七个诸侯有着各自的理由和利益诉求。齐桓公多年来一直经营着与鲁国和宋国的外交关系，鲁国与宋国也是齐国联盟的核心成员。郑国近年来数次被楚国征伐，也顺理成章地出兵伐蔡。陈国向来拥护周王室，不愿意沦为楚国的附庸，为求自保，也早已投靠齐国。卫国在齐、宋两国帮助下复国，曹国则面临戎狄威胁，危难之际需要齐国救援，这两国同样派兵参战。许国的情况与陈国相似，许国位于郑国南部，被郑国包围。如果楚国借道蔡国北上，许国同样难逃厄运。由于许国实力微弱，届时更有被灭国的风险，所以许国同样选择了出兵。

由此可以看出，齐桓公每次会盟，诸侯们都是为了各自利益而参加，友好或者敌对的选择都建立在利益的基础上。

此次齐桓公率军南征的阵容空前强大，比幽地会盟时更强大，兵锋所向，势不可当。蔡穆公见大军压境，没有向楚国求援，而是当即向齐桓公求降。

可齐桓公醉翁之意不在酒，若单纯伐蔡，不必兴师动众统率八国联军南下，他真正的目标依然是楚国。所以即使蔡国投降，联军依然没有回师，而是顺势南下，直抵楚国边境。

楚成王对此迅速作出了反应，他下令楚军收缩战线，并派使臣在楚国边境静候齐国联军的到来。楚国使臣在面对军容鼎盛的敌军时临危不乱，他孤身入虎穴，对齐桓公说："大王，您身居北方，而我楚国地处南方，原本是风马牛不相及的两地❶，不知您为何千里而来？"

管仲则替齐桓公回答："从前召康公授予我们的先君齐太公征伐之权，东至大海，西至黄河，南到穆陵，北到无棣，天下五侯九伯，我齐国皆可征伐。楚国不尽人臣之道，许久不向天子朝见进贡包茅，令王室祭祀时缺乏应有的物资，齐国此行特地前来问罪。除此之外，当年周昭王南征楚国而没回去，我想问清其中缘由。"

管仲的这两个问题内有玄机。他先指责楚国没有进贡包茅，所谓包茅，是当时用来筛酒的物品，并不贵重。管仲借这件小事来试探楚国是否

---

❶ 成语"风马牛不相及"便出自此处。

愿意向周天子称臣纳贡。其次，管仲借周昭王南征未归之事，则是一个陷阱，毕竟此刻是公元前656年，距离周昭王南征已有三百余年光阴，这件事绝不是齐国联军南下的原因。

楚国使臣回答得进退得当，他说："不进贡包茅是楚国的过失，此后我们定会按时进贡。至于周昭王南巡未归，年代久远，您只能去水边问问了。"

使臣的回答非常耐人寻味，他先承认了楚国的过失，并承诺今后按礼乐制度向天子纳贡。换言之，楚国愿意奉周天子为王。而后一个问题，实则是管仲与使臣交锋的重点。

管仲的措辞为"昭王南征而不复，寡人是问"。周昭王南征的对象正是楚国，相传当年楚人在周昭王的船上动了手脚，最终船沉江中，周昭王身死。退一步说，即使楚人没有动手脚，但周昭王死于南征，楚国身上也有弑君嫌疑。

楚国使臣的措辞为"昭王之不复，君其问诸水滨"。楚国使臣没有提到"南征"二字，否认了当年的征伐，随后又推脱了弑君之罪。

楚国的示弱并不能让齐桓公满意，随后齐国联军继续南下，最终在陉地❶临时扎营。

面对来势汹汹的齐桓公，楚成王并没有示弱。楚军一面积极备战，一面寻求和谈的契机。齐国联军为寻找有利地形，后撤数里，驻扎于召陵❷。

---

❶ 今天河南省郾城县以南，《左传》记载，当时陉地属于楚国，可见楚国崛起后已经开始向中原腹地推进。在春秋中期，楚国已经有左右中原的实力，因此齐楚争霸存在必然性。

❷ 今河南省漯河市召陵区附近。

召陵侧翼有河流阻挡，由南向北的河流可以为军队的侧翼提供屏障。联军的一招一式展示出了强大的实力和过硬的军事素养。

齐楚之战一触即发，楚成王再次寻求和谈。同年夏天，他派楚国贵族大夫屈完前往联军阵营。而此时齐国也有和谈之意。当时齐桓公让联军在营前列阵，他与屈完同乘一辆兵车检阅军队。齐桓公在车上对身旁的屈完说："诸侯们南征，并不是为了我齐国，而是为了齐楚两国世代友好的关系，不如楚国做我的盟友吧！"

屈完回答说："您为敝国谋求福利，愿意接受我楚国为盟友，也是我们大王的心愿。"

齐桓公趁势威胁道："我率各路诸侯征战，谁人能挡？我率各路诸侯攻城，谁人能守？"他的言谈举止间透露着浓浓的威胁之意。

屈完则不卑不亢地回答："大王，您若以德服人，那天下诸侯莫敢不从；但您若想依靠武力，我楚国以方城为城墙，以汉水为护城河，联军虽然人多势众，也无用武之地。"屈完向齐桓公回了一枚软钉子。

两人话术交锋后，却没有激化矛盾。相反，楚国使臣屈完与各路诸侯立下盟约，史称召陵会盟。

齐桓公率麾下八国联军千里伐楚，声势浩大。在召陵会盟前，齐楚双方明争暗斗多年，此时此刻，两军剑拔弩张，结局出人意料。齐桓公优势在手，却选择了与楚国和谈，很有虎头蛇尾的意味。作为齐楚第一次交锋的战场，召陵会盟更像是一滴水，折射出了数十年来天下局势的变迁。

自从楚武王在沈鹿会盟后，楚国始终想逐鹿中原，问鼎天下。早在楚武王伐随时期，他便说过："有敝甲，欲以观中国之政。"为了达成这个目标，楚国三代君王前赴后继，开疆拓土。楚国实现扩张的方式与其他诸侯国完全不同，他们开始尝试一种新的扩张方式。

周朝是以分封制为基础的权力结构，大诸侯即使吞并了小诸侯，也会将小诸侯的土地分封给公室成员或者卿大夫。而这些土地大多是子承父业的世袭传承，随着时间的推移，不可避免地会出现权力分散的现象。周天子和诸侯之间的关系如此，各路诸侯和卿大夫的关系也是如此。一旦下位者的权力超过了上位者，国家便很容易发生动荡，春秋战国时期乱象也多由此产生。

而楚国吞并权国后，在权国故地上设立了权县，这是中国有史料记载的第一个郡县，也标志着郡县制登上了历史舞台。在随后的历史进程中，中国逐渐从分封制慢慢向更适于中央集权的郡县制过渡。秦始皇统一六国后所采用的郡县制也是历史演变的结果。

回顾楚国的崛起之路，不难发现，他们吞并占据战略要地的小国后，往往会在当地设置县，如权国、随国、息国、邓国、申国等。楚文王虏获蔡哀侯时，也曾想吞并蔡国，设置成县，但被鬻拳劝阻，而后楚国与蔡国结盟。当时楚国根基不稳，无论是实力还是声望都远远没有达到对抗天下的地步，如果引起众怒，中原诸侯共同抗楚，楚国无疑会陷入被动。此时，齐桓公率八国联军南征，便是最好的佐证。

任何一种制度的出现都需要适应时代，而当时分封天下是统治阶层的主流意识形态，而且这种意识形态会对社会稳定产生重要影响，其中有两个非常著名的案例。

其一，武王伐纣后采用分封制，将商朝故地分给了商人，同时实行商人治商的策略。尽管不久后爆发了三监之乱，但三监之乱并没有动摇周王朝的治国根本，因此周王朝可以延续数百年，即使周王室后期衰落式微，依然是名义上的天下共主。

其二，后世秦始皇统一六国，实行郡县制，主流意识形态并没有做好接纳这种制度的准备，秦朝二世而亡与此有一定的关系。随后汉承秦制，却做了一定的妥协，汉朝采用郡县制与分封制并存的制度。

楚国率先采用郡县制，让他们与整个时代格格不入；同时，楚国扩张的速度太快，导致楚国的叛乱比同时期的其他诸侯国多。身处春秋时代的人们，并不能预见郡县制对后世产生的影响。

公元前677年，楚国第一次北上逐鹿中原，奈何齐桓公和管仲这对君臣横空出世，以"尊王攘夷"的口号将中原的一盘散沙组织起来，强而有力地阻击了楚国的扩张。那年齐桓公幽地会盟集结援郑大军，以兵强马壮的联军阵容惊退楚文王，从此楚国北上扩张的势头明显放缓。此后楚国数次伐郑，都因齐桓公的参与而不得不终止。

在这期间，楚国还经历了八年的子元之乱，而齐桓公忙于安定盟友内政以及抵抗北方蛮夷，更让齐楚双方有了既生瑜何生亮的宿命感。

反观齐国，则与楚国完全不同。齐国崛起的时间比楚国更晚，齐桓公在公元前685年即位，而在十九年前楚国已经僭越称王，走上了大肆扩张的道路。然而，从那场冷冷清清的北杏会盟开始，齐桓公和管仲仅仅用了四年时间便完成了两次鄄地会盟和幽地会盟，奠定了齐国在中原诸侯国中的霸主地位。

迅速崛起的霸主都会面临根基不稳的困境，齐桓公又是以会盟形式成就霸业的，他的根基格外不稳。同时在会盟中，诸侯们的凝聚力非常薄弱，他们各怀心思。齐桓公既要怀柔又要立威，一着不慎便会出现各自为政的现象，甚至数次会盟后都发生了背叛盟约的事件。

31 齐楚争霸——跌宕起伏的权谋大戏

幽地会盟之后不久，周釐王与楚文王相继去世，郑厉公趁机与新君周惠王亲近，这让齐桓公在诸侯之间的号召力有所下降。在这段时期，史书上对齐桓公的记载明显少了很多。

在多种因素共同推动下，直到齐桓公即位的第三十年，齐楚两国才有了对决召陵会盟的正面交锋。

尽管齐楚两国握手言和，但齐桓公无疑是占据优势的一方，而且齐国联军陈兵楚国边境，逼迫楚国向周天子称臣纳贡，达到了尊王的目的。

召陵会盟结束后，史书中记载了一件事，从侧面证明了齐桓公会盟内部的钩心斗角。在齐桓公准备撤军时，陈国大夫辕涛涂找到郑国大夫申侯暗中商议："如果联军借道陈国和郑国撤军，这两国势必要为联军提供军需，如此一来，将会增加陈国与郑国的负担。不如你我二人向齐桓公建议向东行军，向东夷各部落炫耀武力，震慑对方。联军东去，齐军与鲁军只能沿着海边回国，对陈、郑两国都有益处。"

郑国大夫申侯对此没有异议，当即表示同意。

召陵会盟刚刚结束，陈国大夫便明目张胆地为了本国利益而谋划。辕涛涂本以为这一计对陈、郑两国有利，郑国大夫申侯也已经同意，他便向齐桓公说了此事。齐桓公没想太多，便同意了辕涛涂的建议。

可他千算万算，没算到郑国大夫申侯是个小人。在辕涛涂离开后，申侯便找到齐桓公说："辕涛涂这人是有私心的，您不能听从他的建议。联军远征楚国耗费的时间漫长，此时大军早已兵困马乏，万一向东炫耀武力时遇到敌人，联军恐怕还要打一场硬仗。不如您取道陈国、郑国之间，我们两国将为您提供军需粮草，这样便会很稳妥。"

从申侯的话中不难找到齐桓公与楚国和谈的理由，一是齐军远征而来，二是久战不利。

齐桓公听完申侯的建议，立刻改变了主意，准备借道陈、郑两国，将虎牢之地赏赐给申侯。随后他派人将辕涛涂抓了起来。同年秋天，鲁国借口陈国对齐桓公不忠，出兵攻打陈国。同年冬天，鲁国大夫率鲁、齐、宋、卫、郑、许、曹七国联军讨伐陈国。陈国服罪求和，至此，齐桓公才放辕涛涂回陈国。

齐桓公在南征楚国时，察觉到了联盟内部的不合。他若想继续与楚国争霸，必须进一步提高自身的威信。自从周釐王驾崩后，齐国与周王室的关系一直不温不火，周惠王没有鼎力支持齐桓公的霸业。

齐桓公和管仲这对君臣为了谋求周王室的支持，做出了一个极为大胆的决定，他们开始支持储君太子郑，这中间又掺杂了周王室内部的权力斗争。

太子郑身为嫡长子，一直过着无忧无虑的幸福生活。直到有一天，他的父亲周惠王有了新欢，并且将对方立为王后，史称惠后。惠后又为周惠王生了一个儿子，名为姬带，史称王子带。周惠王因对惠后非常宠爱，对王子带也青睐有加。

太子郑担心父王废长立幼，便谋划着保住自己储君之位的对策。恰巧齐桓公对周惠王早有不满，二人一拍即合，便结成了同盟。

在召陵会盟的第二年，即公元前655年，齐桓公号召诸侯在首止[1]举行会盟，齐、鲁、宋、郑、陈、卫、许、曹八个诸侯国参与会盟，参与者与南征楚国的联军相同。然而在首止会盟前，齐桓公特地邀请太子郑参加，他借此表明立场，并以储君太子郑之名实现"尊王攘夷"的策略。

---

[1] 今河南省睢县附近。

周惠王本有废长立幼的打算，齐国公然插手王室的子嗣之争，显然没有将他这位天子放在眼中。可此时齐桓公如日中天，放眼天下，只有楚成王或许有与其一战之力。

周惠王为打压齐桓公，派人偷偷联系楚国。此外，他还联系了与自己关系密切的晋国和郑国。单纯从谋略上看，周惠王的这一手棋确实精妙无比，甚至可以说是最早的合纵连横之术。

此前齐楚争霸是南北争霸的格局，如果周惠王能推动楚国、晋国、郑国联盟去对抗齐桓公，则天下将从南北争霸转为东西对抗。在周王朝国境西部，从北向南的四个重要诸侯国分别为晋国、郑国、蔡国和楚国，蔡国又原本是楚国阵营的一员。一旦周惠王的计谋成功，将对齐国的霸业造成致命的打击。

郑文公非常认同周惠王的谋划。近二十年来，郑国的心腹大患正是那个自称蛮夷的楚国。自从楚国控制蔡国后，楚文王伐郑，楚国令尹子元伐郑，楚成王更是连续三年伐郑。尽管郑国有齐桓公的庇护，可是齐国距离郑国太远。楚国五次伐郑，齐桓公都是先会盟，而后集结联军，当远征大军还在路上时，楚军早已撤兵回国。

郑文公深知远水难救近火，而且郑国和齐国的关系并不和谐。暂且不提郑厉公与齐桓公的恩恩怨怨，单单召陵会盟后齐桓公将虎牢之地赏赐给郑国大夫申侯就引起了郑文公的不满。虎牢之地是郑庄公时代的制地，此地有着重要的战略地位，却被齐桓公越俎代庖赏给他人，郑文公对此事一直耿耿于怀。

史书记载了一件小事，可以侧面印证郑文公的心思。陈国大夫辕涛涂因为郑国大夫申侯的谗言，被齐桓公逮捕囚禁在齐国长达半年之久。辕涛涂对申侯恨之入骨，事后他假装好心建议申侯修筑虎牢城池。申侯一时糊涂，命人动工修城。紧接着，辕涛涂求见郑文公，谎称申侯有不臣之心，他正修建虎牢，准备割据一方。

郑文公本就猜忌申侯，他听罢辕涛涂的话，寻到机会杀死申侯，从而收回了虎牢之地。

春秋诸侯之间有着盘根错节的权谋争斗，在这种背景下，郑文公于首止会盟期间喜得王命。可惜他的视野和父辈相比差距很大，他既想遵从王命，又惧怕不朝见齐国而遭到报复，最终他决定只身逃离首止会盟。郑国大夫孔叔无奈地再次劝谏："您身为一国之君，不可轻举妄动，妄动则会失去援手。一旦无人相助，祸患便会随之而来。若郑国落入危难之境，您再乞求联盟，则会付出更大代价，您会后悔的。"郑文公不肯听从孔叔的建议，他丢下军队独自逃回郑国。

周惠王的谋划虽好，但终究是一场镜花水月。时代变了，此时此刻早已不是周天子号令诸侯的年代。更何况楚国向来不将周王室放在眼中，他们只会为自身利益而动。楚成王没有按照周惠王的谋划行动，他有自己的争霸谋划。

郑文公在首止会盟中的背叛行为自然引起齐桓公的震怒，齐桓公为了立威，着手准备伐郑之事，他打算以雷霆手段震慑郑国。

郑文公有周惠王的支持，他不甘心束手就擒，便在新密❶修筑城池。史书记载，新密城是一座不时城。❷

---

❶ 今河南省新密市附近。
❷ 《左传·僖公六年》记载："围新密，郑所以为不时城也。"

在生产力不发达的春秋时代，诸侯们不会轻易耽误农时。无论是征战还是修城，大多集中于农闲时期。《左传》提到的不时城，意味着修筑新密城耽误了农时。由此可见，当时郑文公心急如焚。

新密城位于虎牢与新郑之间，郑文公在这里修筑城池，将虎牢、新密、新郑连成一线，形成一条由北至南的防线。齐桓公并没任由郑文公修城，他在新密尚未完工之际，以郑文公背弃盟约为名，率领各路诸侯包围新密城，讨伐郑国。

郑文公后悔当初没听从孔叔的劝谏，他没想到齐桓公会如此迅速地实行报复。郑国无力抵抗，只能向楚国和晋国求援。晋国亲切友好地接待了郑国使臣，但没派出一名士兵救援。楚国也没有直接出兵援郑，楚成王选择了出兵讨伐齐国的盟友许国，以此逼齐桓公撤兵救援许国。

楚成王一生用兵变幻莫测，鲜有败绩。楚军此行北上与以往不同，他们没有借道蔡国，而是途经南阳盆地，通过武城向许国出兵，这个细节侧面印证了楚成王的顾虑。

齐楚对决召陵会盟前，齐桓公以八国联军之威，逼蔡穆侯签订城下之盟。楚国拿不准蔡国此时的立场，贸然借道，一旦事情有变，楚军将面临灭顶之灾。

因为郑国、许国、蔡国相距不远，若蔡国暗中向齐国投诚，楚军借道蔡国后，有后路被断的风险。此外，江、黄两国在蔡国的侧后方，若楚军被齐国联军拖入苦战，江、黄两国既能够北上增援蔡国，又能够西进入侵楚国。

楚成王不想与齐国联军正面交锋，更不想被对方拖入苦战，因此他率楚军从南阳盆地北上。

许国是首止会盟中的一员，若任由楚军讨伐许国，会寒了首止会盟中其他诸侯的心。齐桓公与管仲纵然心有不甘，也只能率军前往许国救援。楚成王得知齐军来援，又一次率兵撤退至武城，避免了与齐国联军交手。

楚军撤兵后，许国国君许僖公并没有高枕无忧。许国几乎被郑国包围，而郑国是伯爵国，又曾小霸中原，连郑国都沦为齐楚争霸的棋子，许国不过是区区子爵国，命运更是堪忧。

此时，许僖公心头还有一根刺没拔出来。一年前，齐桓公率八国联军伐楚时，许僖公的父亲许穆公率军参战，然而许穆公却莫名其妙地死于阵中，事后被人以侯爵的规格下葬。

许国原本是爵位等级最低的男爵，按照礼乐制度，只有替天子出征并战死沙场的，葬礼才可以加升两级爵位。然而联军并没有和楚军开战，许穆公的葬礼本不应该按照侯爵的规格举办，这便为许穆公之死蒙上了一层诡异的迷雾。

许僖公分析时局后，做出了一个大胆的决策。首止会盟的那年冬天，蔡穆公陪着许僖公前往武城拜见楚成王。许僖公双手被反绑，口中含着一块玉璧，大夫们穿着丧服，抬着棺材走入殿中。

楚成王见状一头雾水，问身边大夫许僖公为何这样做。

楚国大夫回答道，当年周武王攻克殷商时，微子启也是如此郑重地向周武王投降。周武王亲自上前给微子启松绑，接受他口中的玉璧，而且为他举行祓礼[1]，随后将棺材烧毁，依礼而任命他，恢复微子启的封地。许僖公是效仿微子启向楚国投降。

---

[1] 为除灾驱邪而举行的祭祀礼仪。

楚成王则效仿周武王，接受了许僖公的投降。至此，许国成为第二个背叛齐桓公会盟的诸侯。

盟友接二连三的背叛极大地打击了齐桓公树立的威望。许僖公的背叛让数月前齐军救许的行动成为一场笑谈。齐桓公再次集结起大军，这一次，他对郑国志在必得。

郑国大夫孔叔上谏郑文公，劝其向齐国投降。郑文公说了一句耐人寻味的话："我知道齐桓公此行的目的，你姑且耐心等待。"

孔叔听完连连摇头，此刻是生死存亡之际，朝不保夕，郑国没有等待的时间。

郑文公沉思后，想出了一个杀人诛心的对策。从辕涛涂向郑文公劝谏申侯有谋反之意时，郑文公心里便动了杀机。

郑国大夫申侯的祖上是申国国君，楚文王派兵吞并申国后，设置申县。申侯作为申县的最高长官，在史书中依旧沿用旧称，被称作申侯。

申侯贪婪，而且擅长阿谀奉承，很讨楚文王的喜欢。当楚文王征讨黄国归来，重伤难治时，他送给申侯一块玉璧，并对申侯说过一句话："我了解你贪财而不知满足，你从我这里求财，我不会加罪于你，但我儿子一定会向你问罪。所以我死后，你赶紧逃命去吧！"

楚文王一死，申侯很听话地逃离楚国，来到郑国。当时郑厉公在位，申侯凭借阿谀奉承的本事，又很讨郑厉公的喜欢，很快就成为郑国的大夫。

此时齐桓公因为郑国投靠楚国，大举来犯。郑文公便以申侯曾是楚王宠臣的借口，将勾结楚国之罪尽数推在申侯头上，借机将申侯杀死，以此平息齐桓公的怒火。

随后郑文公派郑国的太子华面见齐桓公请和，不料太子华却动了借刀杀人的心思，他想借齐军之手杀死自己的政敌，因此对齐桓公说："郑国的泄氏、孔氏、子人氏三族违背了齐国的命令，大王您若能除掉他们，郑国臣民将如同齐人一样侍奉您，此事对您有利无害。"

齐桓公正准备答应对方，管仲将他拦下说："大王，此事不妥。您以礼会盟诸侯，不能因为太子华而败坏声望。"

齐桓公回答："寡人此行率诸侯讨伐郑国，我们利用郑国内部不和谋求胜利，此事有何不妥？"

管仲解释道："大王您以德服人，郑国若依旧不服，您再率兵攻打，此乃王道。太子华身为郑国太子，不为国谋求福祉，却谋划借齐国之手斩杀国内大夫，进而谋求君位，一旦他阴谋得逞，大王又如何使天下诸侯信服？况且郑国有叔詹、堵叔、师叔三位贤臣执政，郑国不会受到太子华的离间。即使您不答应他的请求，郑国也一定会接受盟约的。"

权力的游戏步步惊心，齐桓公慎重思量后便拒绝了太子华的借刀杀人之计。太子华因此得罪郑国群臣，八年后郑文公将他杀死——这是后话，暂且不表。

因为太子华的私心，让郑国和齐国的关系模棱两可。在这一年冬天，齐桓公收到了从周王室传来的重大消息——周惠王驾崩考证参见附录21。

周王室储君太子郑秘不发丧，却派人将消息偷偷送到齐桓公手中。因为他的储君之位并不稳，当年周惠王在位时宠幸惠后之子王子带，曾有废长立幼的打算，后因齐桓公插手王室政务，周惠王才没有如愿。

太子郑担心王子带趁机作乱，于是将周惠王驾崩之事强压下来，派人八百里加急向齐桓公报丧。毕竟齐桓公身为中原霸主，是太子郑最强力的盟友。

周惠王有废长立幼的谋划，却突然驾崩，而后太子郑秘不发丧，这种种反常的事件让太子郑无法洗脱弑父的嫌疑。

齐桓公收到消息后则决定力挺太子郑上位，一个月后，公元前652年正月，齐桓公在洮地❶举行会盟，齐桓公、鲁僖公、宋桓公、卫文公、许僖公、曹共公以及陈国世子款在此结盟，周襄王派使臣参与会盟，郑国也派人前来乞求加入会盟。诸侯们齐聚一堂，拥护太子郑为天子，太子郑借此登基，史称周襄王。

由于先王生前对王子带宠爱有加，虽然周襄王登基，但王子带依然有不臣之心，各路诸侯在洮地会盟中顺带商议如何安定王室。此前齐桓公便举着"尊王攘夷"的旗号称霸诸侯，如今他又是新君登基的首功之臣，得到了王室的巨大支持，一时间风头无两，原本背盟的许国和郑国也乞求与齐桓公结盟。

次年夏天，即公元前651年，齐桓公为巩固霸业，在葵丘❷再次举行会盟。周襄王特地派宰孔向齐桓公赠送祭肉。

宰孔异常恭敬地对齐桓公说："天子祭祀文王、武王，特地派我将祭肉赏给伯舅❸。"

齐桓公按照礼乐制度，准备下台阶行跪拜之礼接受赏赐时，宰孔连忙将他拦住，又说："天子有令，因伯舅年事已高，功劳在身，加赐一等，不必下拜。"

齐桓公当着各路诸侯之面，义正词严地回道："天子威严不离咫尺之

---

❶ 位于今山东省鄄城西南，当时此地北边归属于鲁国，南边归属于曹国。
❷ 今河南省商丘市民权县林七乡西村，因齐桓公在此结盟而闻名。
❸ 天子对同姓诸侯称伯父或叔父，对异姓诸侯称为伯舅。

遥，小白❶岂敢不下拜？"说罢，他走下台阶，行跪拜之礼，而后又登堂接受祭肉。

在一片欢乐祥和的气氛中，葵丘会盟从夏天延续到秋天。这次会盟无疑是齐桓公霸业的巅峰时刻，在皆大欢喜的背后依然充斥着权谋的味道。

葵丘会盟的盟约第一句便是诛不孝。天下最大的不孝莫过于弑父，而周襄王恰恰不能洗脱弑父嫌疑。齐桓公将诛不孝列为盟约第一条，这件事耐人寻味。

周襄王的使臣宰孔在归去的路上，遇到前来参与葵丘会盟的晋国国君晋献公。宰孔对晋献公说了一段意味深长的话："您不要去参加会盟。齐桓公不致力于修养德行，反而忙于远征，向北攻打山戎，向南征讨楚国，又在西边组织会盟。一旦晋国内乱，齐桓公会插手晋国内政。您应该先回国安定内乱，不要忙于参与会盟。"

公元前651年，晋献公已经逼死太子申生，并让重耳与夷吾流亡他国。晋献公听完宰孔这段话，便回晋国了。

宰孔身为周襄王的使臣，却评价齐桓公穷兵黩武，不修德行，并阻止晋献公参与葵丘会盟，这并不是盟友应有的态度和立场。

事情远没有结束。葵丘会盟的两年后，即公元前649年夏天，王子带心有不甘，他召集扬、拒、泉、皋、伊、雒等众多戎狄讨伐王城，并焚毁王城东门，攻入王城。周襄王向秦、晋两国求援，秦、晋勤王救驾，攻打戎狄。王子带不敌，远逃至齐国。同年秋天，晋惠公让戎狄与周天子和谈。

周襄王当年在齐桓公的鼎力支持下才能成为天子。此时王子带作乱，

---

❶ 小白：齐桓公之名。

周襄王却一反常态，没有向齐桓公借兵。而齐桓公不仅没有勤王救驾，反而收留了作乱的王子带。同年冬天，齐桓公派管仲前往周王室，商议天子与王子带和解之事。

管仲本是齐桓公的心腹重臣，周襄王对他的来访极其重视，安排手下以上卿之礼招待他。管仲对周襄王的示好却敬而远之。管仲说："我本是齐国的低级官员，您以上卿之礼招待不合礼数。天子任命国氏、高氏为齐国上卿，若他们按规矩前来朝见天子，您又将如何招待他们呢？"

敬而远之是一种态度，也是一种立场。周襄王对管仲说："世人皆知您德高望重，劳苦功高。您身为臣子，请不要违背我的命令。"

周襄王想让管仲服从天子之命，不料管仲没有接受，依然只接受下卿的礼节，而后回国。

次年，即公元前647年春天，齐桓公又派仲孙湫出使王城，商谈王子带之事。仲孙湫抵达后，察觉到气氛不对，于是绝口不提王子带之事。归国后，他向齐桓公复命说："天子怒气未消，我们不能提王子带之事。此事没有十年，很难平息。"

同年夏天，齐桓公号召诸侯在咸地会盟。这一年，江淮地区的蛮夷部落对杞国虎视眈眈，让杞国惴惴不安。因此，诸侯们会盟，商议驱逐蛮夷之事。在会盟中，齐桓公旧事重提，又一次与诸侯们商讨如何安定王室。而这一次，齐桓公却偏向了王子带，他开始谋求周襄王赦免王子带的作乱之罪。

不足十年光景，周襄王与齐桓公的关系从亲密无间转为貌合神离，史书中寥寥勾勒数笔，留给后人无限的遐想。

正当齐桓公忙于安定王室内乱时，楚成王则卷土重来，又一次走上了扩张之路。

32 楚国东进
——齐、楚一战江淮

自从召陵会盟后,楚成王便更改了对外扩张的战略,他将先前的北上争霸改为向东扩张。恰逢周王室内乱,齐桓公忙于安定王室。楚成王则抓住机会,着手扫除楚国周边的障碍,首当其冲的正是与齐桓公结盟的江、黄两国中的黄国。

楚成王要求黄国归顺楚国,并朝见楚王,向楚国进贡。黄国国君倚仗与齐桓公以及中原诸侯们之间的关系,公然拒绝楚成王的要求。史书用"不共楚职"四个字记载了黄国国君的决绝之意。

黄国人放话挑衅:"楚国郢都与黄国相距九百里,楚人能奈我何?"

楚国君臣对黄国的所作所为表达了崇高的敬意,公元前648年冬天,在周王室乱成一锅粥的同时,楚成王下令楚军千里奇袭黄国,测试黄国人究竟是嘴巴硬还是骨头硬。

半年后,《左传》记载了三个字:"楚灭黄。"

楚成王吞并黄国后,东扩的野心并没有满足。公元前645年春,楚成王率军千里远征,讨伐徐国❶。

军情传至中原,诸侯们大为震惊。因为楚成王伐徐是一个非常冒险的举动。楚国郢都距离徐国接近两千里,古代的后勤补给能力低下,大军远

---

❶ 徐国都城位于今江苏省宿迁泗县。

征将要面临巨大的风险。

徐国北与鲁国接壤，西北与宋国接壤，一旦楚国夺取徐国，便会有第三条北上中原的路径——直接北上攻打宋国和鲁国。宋、鲁两国是齐桓公会盟中的核心诸侯国，所以这一次，中原诸侯国势必会援救徐国。

楚军兵临徐国城下，齐桓公迅速作出反应，同年三月，葵丘会盟的诸侯国又在牡丘举行会盟❶，商议出兵反击之事。

牡丘会盟后，中原诸侯国出现了分裂。鲁国是会盟中最关心战事发展的诸侯国，因为徐国距离鲁国实在太近，两国国都之间的距离不到六百里，从徐国到鲁国边境的距离则更短。鲁国担心因为联军的拖沓导致战事恶化，所以商议兵分两路。可是会盟中的其他诸侯国则对此并不上心。郑国和许国相距遥远，而且近十年内郑、许两国在齐楚之间摇摆不定，他们并不愿在抗击楚军之事上竭尽全力。卫、曹两国在黄河以北，徐国的战事与他们没有密切关系，即使徐国失守，卫、曹两国还有齐、鲁两大强国作为依靠，他们对援助徐国之事也不上心。

此外，楚军在春季伐徐，齐桓公三月便组织了牡丘会盟，军情十万火急，而中原诸侯国备战的时间太短。诸侯国分散于中原各地，各国将军队集结于同一处需要大量时间。

鲁国因为地缘关系，此刻心急如焚。最终在多方利益纷争下，鲁国大夫孟穆伯率领以鲁军为班底的诸侯联军南下救援徐国，而其他诸侯国则前往匡地❷等待后续部队集结。

---

❶ 今山东省聊城附近。齐桓公时代，很多会盟都位于聊城附近，诸如北杏会盟、柽之会盟以及牡丘会盟。

❷ 今河南省睢县附近。

楚军的实力不容小觑，可鲁大夫孟穆伯又犯了分兵冒进的兵家大忌。在援军抵达徐国后，他们并没有取得正面战场的胜利，也没有接触徐国的危机。一时间，战事陷入胶着状态。

　　随着时间的推移，中原诸侯国的援军陆陆续续集结于匡地。诸侯联军们第一次拥有了战略主动权，此时他们有两个选择，一是增援正面战场；二是切断楚军的后勤补给，从后面包抄。

　　鲁国希望联军立刻向徐国增兵，在正面战场击败楚军；而其他诸侯国却不愿意与楚军正面交手，他们倾向于避开楚军锋芒，切断楚军补给。齐桓公与管仲在沙场征伐之事上向来保守，最终，齐桓公选择了后者，在拖延了半年后，同年秋天，齐桓公率领以齐军、宋军为班底的联军南下讨伐厉国❶。厉国是楚国的盟友，实力弱小，而且距离匡地仅有五百里路。诸侯联军借道陈国后，向东南行进不远便可以抵达厉国。除此之外，厉国位于江、黄两国附近，若诸侯联军能拿下厉国，则可以与江国军队以及黄国遗民一同伐楚。

　　可惜，齐桓公的抉择让联军失去了集中优势兵力歼灭敌军的机会。联军中最强的齐、鲁、宋三军，一分为二，各自为战。而牡丘会盟中的分裂远未结束，在齐桓公率军攻打厉国的关键节点，联军又一次发生内讧。同年冬天，时任宋国国君的宋襄公下令出兵讨伐曹国。❷

　　正是因为联军内部不和，导致齐桓公迟迟没有攻取厉国。远在前线的

---

❶ 关于厉国的地理位置一共有六种说法，笔者采用厉国在息县附近的说法。

❷ 《左传》记载，"宋人伐曹，讨旧怨也"。文中提到的"旧怨"，是指鲁庄公十四年曹国与齐国、陈国一同伐宋。笔者对此持怀疑态度，庄公十四年即公元前 680 年，乃是三十多年前的旧事，而且当时齐国与陈国也参与伐宋，但未见宋襄公出兵伐陈或伐齐。宋襄公于此关键时刻内讧，或许有不为人知的缘由。

32 楚国东进——齐、楚一战江淮

徐国与鲁国援军自恃有援兵前来救援，疏于备战，结果被楚成王抓住了机会。楚军在娄林❶打败徐军，史称娄林之役。

娄林之役充分暴露了齐桓公尊王攘夷的弊端，虽然齐桓公扛起了王室的大旗，但他终究不是周天子，难以让众多诸侯听从号令。

实际上，史书中的很多细节早已揭露了齐桓公霸业的隐患。后世习惯以九合诸侯、一匡天下来形容齐桓公的霸业，但齐桓公会盟不止九次。根据《春秋》记载，他一共会盟了十六次，其中具有标志性的会盟当数首止会盟。在首止会盟前，齐桓公在会盟时都不带兵车；而此后齐桓公一共会盟五次，其中四次是兵车之会。兵车之会的意思是带着军队参加会盟，换句话说，在兵车之会中，诸侯之间的防备心很重。

而唯一一次非兵车之会是葵丘会盟，当时天子派人赏赐齐桓公祭肉、弓箭以及天子座驾等象征权力的物品。因为礼乐制度的要求，诸侯们率领的军队在会盟地点外围。严格来说，将葵丘会盟称为兵车之会也并无不妥。

兵车之会登上历史舞台意味着时代的变迁，也意味着中原各路诸侯之间的矛盾激化。在这种情况下，诸侯国组成的联军势必各怀鬼胎。娄林之役便将会盟称霸的缺点暴露无遗。

公元前645年是一个重要的年份，这一年发生了很多事。在东周王朝的国境东部，齐楚一战江淮。而同一年，千古明相管仲不幸去世，随之而来的是齐桓公霸业的迅速衰落。从此，牡丘会盟成为九合诸侯、一匡天下的绝唱。

随后，齐桓公连续向江淮地区用兵，讨伐散布在此地的小诸侯国，可

---

❶ 今安徽省泗县东北。

是他难以扭转齐国在江淮地区的劣势。两年后,齐桓公不幸去世。至此,持续数十年的齐楚争霸缓缓落下了帷幕。在此期间,天下风云变幻,可谓沧海桑田。纵然齐桓公称霸一时,但他从未在正面战场上战胜楚军。齐国仅仅在争霸中占据上风,却没有绝对的优势。这或许从侧面证明,以会盟形式的称霸并不适合统一天下。

33 五子夺位
——齐国霸业凋零

公元前645年,在管仲重病之际,齐桓公来到他的病榻前,询问齐国境内谁能够接替管仲的职务。管仲连连摇头:"大王,我对您身边的人很了解。"

齐桓公大喜过望,连忙问道:"仲父,您会推荐谁呢?"

管仲回答说:"无一人堪当大用。"

齐桓公不死心,追问道:"易牙如何?"

易牙是彭城❶人,他是厨师出身,擅长烹饪,也是第一个开私人饭馆之人,被后世厨师们拜为祖师。易牙因为厨艺成为齐桓公的宠臣,齐桓公曾对易牙说:"寡人尝遍天下美味,唯独没有尝过人肉,此乃人生憾事。"不久后,齐桓公在午膳中尝到一道鲜嫩无比的肉汤。齐桓公非常好奇,询问这是什么肉。易牙哭着说这是自己儿子的肉,为了祈祷国君身体安康,特地杀子以献给主公。齐桓公大受感动,从此宠信易牙。❷

管仲听罢回答:"易牙为讨好大王,将亲生儿子烹饪。此人泯灭人性,不能辅佐国君。"

齐桓公又问:"那竖刁如何?"

---

❶ 今江苏省徐州市。

❷ 易牙烹子的典故出自《管仲·小称》,《淮南子》中也有提及,应是引用《管子》一书。

相传竖刁从小在齐桓公的后宫中长大,当他十八岁时,按照规矩,不得继续留在宫中。竖刁为了继续得宠,狠心将自己阉割,成为一名寺人,即后世的宦官。竖刁善于拿捏他人的心思,因阿谀奉承而深受齐桓公的宠爱。

管仲再次回答:"竖刁为了权力甘愿挥刀自宫,大王绝不能重用此人。"

齐桓公只能又问:"公子开方,此人如何?"

管仲长叹一口气:"公子开方原本是卫国人,他在大王身边十余年,却从未回过家乡,可见此人不孝。大王您身为一国之君,不能重用不孝之人。有臣在,这些人翻不起风浪;一旦我不在世,这三人恐怕会对大王不利。"❶

不久后,管仲去世。时值齐桓公晚年,齐桓公年迈昏庸,没有听从管仲的建议,最终重用这三人,为日后齐国内乱埋下了伏笔。不过齐国内乱的根源依旧出在继承人的问题上。

齐桓公好色,子嗣无数,却偏偏没有嫡长子。根据《左传·僖公十七年》记载,齐桓公一生有三位正室夫人,分别为王姬、徐嬴和蔡姬。

王姬出自周王室,蔡姬则是蔡穆公的妹妹。史书上对徐嬴的记载很少,仅仅交代她是徐国女子,即楚成王千里远征的那个徐国。

虽说三位夫人没有子嗣,可齐桓公有很多宠妾,其中地位类似夫人的女子就多达六人,而她们又都为齐桓公生过子嗣。

公子昭的生母是郑姬,公子无亏的母亲是长卫姬❷,公子元的母亲是少卫姬,公子潘的母亲是葛嬴,公子商人的母亲是密姬,公子雍的母亲为宋

---

❶ 出自典故"病榻论相",史料来源于《管子》与《史记》,真实性有待考证,上海人民美术出版社曾于1981年出版连环画《病榻论相》。

❷ 齐桓公先后迎娶过两名卫国女子,同为卫姬,年长的被称为长卫姬,年少的被称为少卫姬。

华子。

六位公子中先后有五人成为齐国国君，彼此之间也产生了多次争夺，历史上将这一系列事件称为五子夺位。

管仲在位时，齐桓公曾经立公子昭为太子，因此历史上又将他称为太子昭；同时，齐桓公嘱托宋襄公，日后宋国要鼎立扶持太子昭为国君。

谁料后来公子无亏与其生母长卫姬勾结宦官竖刁，为齐桓公献上厚礼，请求齐桓公改立公子无亏为太子，齐桓公昏庸之时答应了此事。

当年葵丘会盟中盟约的第一条是诛不孝，第二条便是不能改立太子。齐桓公偏偏因为竖刁的贿赂而改立太子，他的无心之举让齐国众位公子产生了谁都可能坐上太子之位的错觉。与此同时，易牙、竖刁以及公子开方等奸臣推波助澜，齐国因众位公子对权力的争夺，不可避免地陷入动荡。

当时，易牙和竖刁企图拥立公子无亏，而公子开方打算拥立公子潘，外加早已被立为太子的太子昭及其党羽，各方势力争执不休，他们甚至在齐国宫中筑起高墙，准备将齐桓公活活困死其中。

宫里筑墙之计泯灭人性，却异常现实。因为齐桓公生性好色，阅女无数，单单史书上有记载的齐桓公子嗣便达十余位。纵然齐桓公病重，但他毕竟有近四十年的霸主威名，若此时齐桓公能够发声，太子之位花落谁家未尝可知。在夺位中占据优势的公子们，为了避免节外生枝，选择将齐桓公困死宫中，断绝了他与外界的联系。

公元前643年十月初七，身患重病的齐桓公终于撒手人寰。关于他的死因众说纷纭，有人说齐桓公最终被活活饿死，还有人说他不堪其辱上吊自尽。无论是哪种说法，都与他被困宫中密切相关，而历史的真相则被锁在了深似海的宫殿高墙内。

齐桓公生前身为春秋五霸之首，死后却无人收敛。他的尸体横陈宫中长达七十六天，直到尸虫爬到宫外，才被外面醉心于争夺权力的人们发现。一代霸主落得如此下场，不得不令人唏嘘。

《史记》对尸虫爬出宫中之事有所记载。齐桓公于农历十月去世，尸体放置无人处理，在冬季，一到两个月的时间便会生出尸虫。这也从侧面印证了《史记》记载的准确性。

随着齐桓公的去世，齐国众多公子对权力的争夺进入白热化阶段。齐国群臣依照规矩，拥立太子昭即位，史称齐孝公。

易牙与竖刁则联手拥立公子无亏为国君，齐孝公地位不稳，实力欠缺，难以抵挡先君宠臣的叛乱。不过当年齐桓公病重时，曾经将齐孝公托孤于宋襄公。在无路可走之际，齐孝公决定逃往宋国寻求帮助。

齐孝公的这个抉择为他带来了一线生机。宋襄公果然选择对他鼎力相助，立刻着手组织军队出兵平定齐国内乱。

纵观宋襄公的一生，深受齐桓公以及礼乐制度的影响，他身上的时代烙印很深。

宋襄公与齐桓公的关系也是常被人忽视的细节。齐桓公在公元前685年即位，在数年的鄄地会盟中奠定了中原霸主地位。宋襄公之父宋桓公在位期间，宋国一直紧紧追随齐桓公，多次参与诸侯会盟，也曾出兵援救郑国、卫国、邢国，以及安定周王室，这在一定程度上影响了后来的宋襄公。而宋襄公则在四十多年后的公元前652年即位。宋襄公在成长过程中见证了齐桓公的霸业，因此他不可避免地会效仿齐桓公称霸。

此外，史书记载了另一件小事，也展现了宋襄公身上的君子之风。

宋襄公有一个同父异母的兄长，名为公子目夷。在宋桓公弥留之际，宋襄公却提出让自己的哥哥继承王位。

知子莫若父，宋桓公清楚公子目夷才能出众，为人仁义，将来未必不是一位仁君，于是他同意了宋襄公的提议。

公子目夷得知后，坚决不肯接受国君之位，他说："弟弟能拱手让国，这是最大的仁义，这一点，我不如他。而且我身为庶子，继承国君之位，与祖宗规矩不合。"公子目夷为了躲避弟弟让贤，逃往卫国。宋桓公去世后，国不可一日无君，宋襄公只能继承国君之位；随后他请兄长公子目夷回国，担任相国一职，与他共同治理宋国。

宋襄公便是这样一位君子，他曾接受齐桓公的托孤之请，自然不会对齐孝公之事袖手旁观。于是，在不足一个月的时间里，即公元前642年周历正月，宋襄公率领宋国、曹国、卫国、邾国的诸侯联军伐齐。此时齐国正处于权力争夺之际，在多方势力的推动下，齐国群臣斩杀了公子无亏和竖刁，易牙逃亡。

齐孝公借助宋襄公复仇成功，却没能如愿重登国君之位，其他四位公子结盟阻止齐孝公。同年五月，宋襄公率联军在甗地[1]与四位公子的党羽大战一场，宋襄公获胜。至此，齐孝公才正式即位。

齐国内乱至此告一段落，三个月以后，一代霸主齐桓公终于得以下葬，风光无限的齐国霸业终成南柯一梦。

---

[1] 今山东省济南市附近。

34 泓水之战
——宋襄公霸主之梦破碎

宋襄公借助平定齐乱之事,在诸侯之间获得了不小的声望,他的内心逐渐生出了称霸的野心。一年后,即公元前641年,宋襄公羁押滕国国君。因为滕国是东夷出身,经常被中原诸侯国认作蛮夷,宋襄公想以讨伐蛮夷的方式接过齐桓公"尊王攘夷"的大旗。

同年夏天,宋襄公又邀请曹国与邾国在曹国南部会盟。很快,邾国在宋襄公的授意下,邀请鄫国国君前往邾国会盟。鄫国与滕国类似,也是东夷出身。邾国抓捕了鄫国国君,并将对方当作祭品残忍地用于祭祀。

齐国霸业凋零,中原重新变为一盘散沙。以宋襄公的名望实在难以服众,也难以肩负起中原霸主之名。很快,曹国便背叛会盟。宋襄公以强硬的姿态,立刻率军北上,兵困曹都,逼迫曹国接受城下之盟。

对宋襄公来说,曹国的背叛只是一个小麻烦,更大的麻烦随之而来——同年冬天,陈穆公以齐桓公九合诸侯的德行,号召诸侯国重修旧好,前往齐国结盟。楚成王更是率领一众亲楚诸侯前往齐国会盟。

这次会盟加剧了中原诸侯国的分裂,最终齐、楚、郑、陈、蔡等诸侯国成为一个派系,而宋、卫、邾、曹、滑等诸侯国成为另一个派系。随后,楚、宋两国展开了新一轮的霸主争夺。

宋襄公自以为掌握了尊王攘夷的精髓,他以为只要实行仁政,便可以天下归心。很快,宋襄公为谋求霸主之位,打算再次会盟。他的谋划遭到了宋国群臣的反对，臧文仲劝谏说："谋求霸主之位并非不可，但此时宋国威望不足，强迫他人认可，将会困难重重。"

宋襄公为人固执，没有听从劝谏。公元前639年，他和楚成王以及齐孝公在鹿地会盟。会盟期间，他要求归附于楚国的诸侯奉自己为盟主。楚成王心有不满，脸上却没有流露出喜怒，他当场答应了宋襄公的请求，宋、楚、齐三国顺势约定与各路诸侯会盟的时间和地点。

宋襄公的兄长公子目夷也参与了鹿地会盟，归来后，他忧心忡忡地向宋襄公劝谏："宋国本是小国，以我们的实力争夺霸主，势必会大祸临头。他日一旦战败，宋国能够不亡便已是万幸。大王，您不要贸然行事。"

权力迷人眼，宋襄公听不进他人的劝谏。公子目夷无奈之下只能退而求其次，再次建议："楚人行事诡异，从不讲信用。与诸侯会盟时，请您多带点人手，以防不测。"

所谓当局者迷，宋襄公反驳公子目夷说："我提出此次会盟不带军队，若我食言而肥，如何取信于天下，届时我又如何服众？"

宋襄公没有意识到，周公制定礼乐制度并非宣扬仁政，而是通过宣扬仁政以及天命思想，加强周王室对天下的统治。齐桓公扛起"尊王攘夷"的旗号称霸，背后是齐国强大的实力。若没有实力，任何霸业都是镜花水月。

最终，宋襄公一意孤行，仅带着随从前往约定的会盟地点——盂地。参与会盟的诸侯大多亲附于楚国，宋国被围在楚、陈、蔡、郑、许等诸侯中，显得孤立无援。宋襄公临危不惧，他晓以大义，向楚成王阐述宋国霸主地位的正统性。楚成王十分感动，然后派出埋伏好的军队将宋襄公俘虏，并顺势发动蓄谋已久的伐宋之战。

这一战因为鲁国从中调停，很快结束。同年冬天，诸侯们又前往薄地会盟，最终楚成王释放了宋襄公。

归国后，宋襄公不甘受辱，也不曾放弃争霸的雄心。次年，即公元前368年，宋襄公联合卫国、许国、滕国三国讨伐楚国的盟友郑国。

当年卫国遭受灭顶之灾时，曾受到宋国的大力援助。卫宣姜与卫昭伯之女便是宋桓公的夫人，即宋襄公之母，因为这层渊源，此时宋、卫两国关系密切。许国邻近郑国，两国因为地缘问题多有矛盾，因此许国愿意出兵伐郑。滕国则由于国君被俘，不得不在宋襄公的挟持下出兵伐郑。

郑国是天下必争之地，楚成王为争夺郑国付出无数心血。当他收到军情后，立刻借道陈、蔡两国，挥师北上伐郑，直捣黄龙。

宋襄公得知楚军奇袭宋国，不得不回师援救。同年十一月，两军对峙于泓水❶两岸，史称泓水之战。

战前，楚军有兵力优势；而宋军沿河防守，有地理优势。两军隔水相望，寻常将领一定不会贸然出击。谁也不曾料到，楚成王偏偏下令楚军强渡泓水，如此一来便犯了兵家大忌，这个决定让楚军陷入险境。

楚成王反常的举动令人难以理解。或许是他在泓水之战前对阵中原诸侯时从无败绩，无论是伐蔡还是伐郑，再或者千里远征徐国，与齐桓公一战江淮，楚成王都立于不败之地。此时，齐桓公已经去世多年，其他诸侯国不值一提。更何况宋襄公迂腐固执，又曾沦为楚成王的阶下囚。楚成王并没有将对方放在眼里，他倚仗兵力优势，犯下了强渡泓水的兵家大忌，这给宋军留下了可乘之机。

宋国名臣公孙固身为大司马，也参加了泓水之战。他趁楚军渡河时，

---

❶ 今河南省柘城县北。

34 泓水之战——宋襄公霸王之梦破碎

向宋襄公建议说:"敌众我寡,若想取胜,宋军应该半渡而击。"

所谓半渡而击,是指在楚军渡河行至一半时攻击对方。礼乐制度中规定了复杂严格的军礼,其中一条便是不得半渡而击。

宋襄公身为春秋优等生,又一次拒绝了公孙固的建议,他回答:"不可,宋军乃仁义之师,不能趁人之危。"

公孙固眼见楚军登陆,宋军错失良机,心急如焚,连忙再次提议,趁楚军阵脚不稳之时进行偷袭。

宋襄公依然摇头否决。他这样做,依然是受到了礼乐制度下军礼的约束,军礼中还有一条为"不鼓不成列",即对方没有列队妥当,我方不能击鼓出击。

直到楚军列阵完毕,宋襄公才下令击鼓出击。但楚军占据兵力优势,宋军难以抵挡,一败涂地。宋襄公的亲兵全军覆没,他自己则大腿中箭,仓皇逃回国内。

宋军战败后,国内群臣指责宋襄公迂腐。然而宋襄公陷在礼乐制度中无法自拔,他反驳道:"有德之人不忍伤害重伤之敌,不愿捉拿年迈之人。古人行军打仗,以德服人,从不凭借天险谋取胜利。我身为殷商后代,自然应当如此。"

公子目夷很无奈,他只能再次劝说弟弟:"您不善于沙场征伐,强敌陷入险地之中,来不及摆开阵势,这是上天赏赐给我们的机会,凭借险地取胜并无不妥。对方是我们的敌人,我军辛苦训练士兵是为了保家卫国,不是为了照顾敌人的感受。"

可惜事已至此,宋国群臣回天乏术。次年夏天,宋襄公因伤口发炎不治而死。从此,宋国一蹶不振,沦为春秋中的二流国家。

因宋襄公遵从礼乐制度，后人曾将他列入春秋五霸之一。宋襄公去世的这一年，是公元前637年，此时楚成王已经即位三十余年，他凭借一己之力，接连对抗两位春秋霸主，一平一胜，立于不败之地，中原霸主之位似乎正在向楚成王招手。

可是这一年，距离晋楚百年争霸仅有一步之遥。五年后，那场荡气回肠的城濮之战开启了春秋新时代。

附录

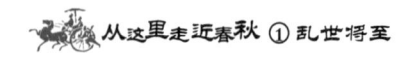

附录1
牧野之战发生时间考证

牧野之战是影响极为深远的战争，由于年代久远，这场战争发生的时间已经湮没于历史长河中。后人一共提出44种关于牧野之战时间的说法，时间跨度从公元前1130年到公元前1018年。

此前，人们大多会根据不同年代的史料分析，从而得出结论。直到1976年，我国陕西省临潼县零口镇出土了一件西周时期的青铜器利簋，上面记载了33个字，为牧野之战的考证提供了强有力的证据。

铭文为："武王征商，唯甲子朝，岁鼎，克昏夙有商，辛未，王在阑师，赐有事利金，用作檀公宝尊彝。"

张政烺先生对利簋铭文做过翻译，大意是周武王征伐商纣王，一夜之间就将商灭亡，在岁星当空的甲子日早晨占领了朝歌。在第八天后的辛未日，武王在阑师论功行赏，赐给右史利许多铜、锡等金属。右史利用其为祖先檀公做此祭器，以纪念先祖檀公。

因为利簋铭文中所记载的武王伐纣在甲子日晨，并逢岁星当空，印证了《尚书·牧誓》中所记载的"时甲子日昧爽，王至于商郊牧野"。所以，利簋也被称作"武王征商簋"。

利簋的重见天日，为牧野之战时间的考证提供了强有力的支持。其中岁星当空的甲子日清晨，古人提到的岁星便是今天人们口中的木星。根据木星的运动轨迹，人们借助对天文学的研究，将牧野之战发生的时间范围进一步缩小。

江晓原先生在《回天——武王伐纣与天文历史年代学》一书中，结合利簋与史料中关于天象的记载，对牧野之战的时间进行了严谨细致的考证，推定出三个重要的时间节点：周武王于公元前1045年12月4日出师，于公元前1044年1月3日渡过孟津，于公元前1044年1月9日开启牧野之战。

根据这一推论，江晓原先生也从侧面印证了大多数古籍中关于牧野之战的天象记载是真实的。

夏商周断代工程以天文学为主，推断牧野之战最有可能发生于公元前1046年，然而断代工程的论证与很多史书中的记载相矛盾。

牧野之战发生的时间至今尚无定论，笔者为了叙事连贯，采用江晓原先生在《回天——武王伐纣与天文历史年代学》中的结论。

附录2
真实的商王帝辛

商王帝辛另一个广为人知的名字即为商纣王。在人们的印象里，商纣王暴虐无道，残忍嗜杀，被人们冠以昏君之名。可是在真正的史书中，商王帝辛却是一个被史学家污名化的帝王。

毛泽东同志在1958年11月读斯大林《苏联社会主义经济问题》的谈话中指出，把纣王、秦始皇、曹操看作坏人是错误的，其实纣王是个很有本事、能文能武的人。他经营东南，把东夷和中原的统一巩固起来，在历史上是有功的。

著名史学家顾颉刚根据对《纣恶七十事发生的次第》的考证和梳理，指出帝辛的罪恶在周人的《尚书》中只有六点，战国书中增加二十七事，西汉书中增加二十三事，东汉时增加一事，东晋时增加十三事，于是商帝辛就变成自古未有的残忍暴君。从此众口铄金，几成定论。

孔子作为儒家创始人，特别注重礼乐制度，因此礼成为儒家思想的核心之一。《尚书》作为四书五经之一，在儒生心中的地位极高。而周公旦制定礼乐制度，是为了巩固周王室的统治。《尚书》和礼乐制度在一定程度上具有共通性，因此《尚书》的观点难免有失偏颇。

古人云："纣之不善，不如是之甚也。是以君子恶居下流，天下之恶皆归焉。"大意是商纣王的恶名不像传说中那样不堪。君子不喜欢居于下流，一旦如此，天下所有的恶名都会归到他的身上。

言外之意则是，因为商纣王失去天下，所谓成王败寇，天下的恶名都归结于商纣王身上。说这句话的是圣人孔子的得意门生子贡。子贡对此的独到见解，不由得引人深思。

如今，我们可以罗列出《尚书》中关于帝辛的六点罪证：

第一是酗酒，第二是不用贵戚旧臣，第三是登用小人，第四是听信妇言，第五是信有命在天，第六是不留心祭祀。

第一点酗酒一事，难以考证，我们姑且认为是真实的。第二点所谓的不用贵戚旧臣，暗指商王帝辛弃用王叔比干、箕子以及王兄微子启。商王之位的传承，原本遵循兄终弟及原则，严格来说，这三人都一定的继承权，商王帝辛不得不防。后来微子启向周武王投诚，也是商王帝辛战败的重要因素。第三点登用小人之事，暗指受到商王帝辛重用的蜚廉和恶来等人，这二人的立场非常坚定，恶来于牧野之战中战死，而蜚廉在三监之乱直至最终战死，一直在反抗周王室。第四点听信妇言，出自周武王在牧野誓师中的原文。第五点信有命在天则是在否定商王帝辛统治的正统性，因为周文王时期，周人曾经提出过天命的思想，暗指周人为天命所归，因此《尚书》才会将这一点列为商王帝辛的恶名。第六点不留心祭祀，则是因为商王朝是一个神权与王权并驾齐驱的朝代，商王帝辛即位之初便着手限制神权，他在当时遇到很大的阻力。而且后世的史官由祭司们逐渐演变而来，这些人难免会对商王帝辛进行污名化。

至于广为流传的酒池肉林、炮烙忠臣、比干剖心，都是后世强加于商王帝辛身上的桥段。

附录 3
姜尚考证

姜尚有很多别号，诸如"姜子牙""姜太公""吕尚""吕望""武成王""飞熊"等，而"姜子牙"这个别号又因为著名的神话小说《封神演义》而家喻户晓。

实际上，姜子牙极有可能是后人杜撰的。在先秦史书中，提到姜尚时，并没有提到"姜子牙"三个字。大多数关于姜尚的史料，都来源于司马迁的《史记》，书中《齐太公世家》一篇中记载："太公望者，东海上人。其先祖尝为四岳，佐禹平水土甚有功。虞夏之际封于吕，或封于申，姓姜氏。夏、商之时，申、吕或封枝庶子孙，或为庶人，尚其后苗裔也。本姓姜氏，从其封姓，故曰吕尚。"

《史记》的史料引自《吕氏春秋》，文中所谓"东海上"指的是东夷之地。姜尚祖上伯夷因帮助大禹治水很有功劳，受封在吕国，所以姜尚又名吕尚。

可《史记》与《吕氏春秋》距离姜尚生活的年代太过久远,其真实性需要探究。《史记》作者司马迁也曾说过:"而百家言黄帝,其文不雅驯,缙绅先生难言之。"司马迁认为,上古时代的事情众说纷纭,而且文辞不雅顺,很难断定真假。

由于《史记》对中国历史有巨大贡献,很多后人在著书立传时引用《史记》为例,众人即便知道有些说法荒诞不羁,但也姑且妄言。因此,基于《史记》的姜尚说法,值得商榷。

姜尚另一个广为流传的别号便是"姜太公",类似"姜太公钓鱼——愿者上钩"的歇后语更是妇孺皆知。"姜太公"这个别号也极有可能源于《史记》,同样是书中《齐太公世家》记载:

"吕尚盖尝穷困,年老矣,以渔钓奸周西伯。西伯将出猎,卜之,曰'所获非龙非䍦;所获霸王之辅'。於是周西伯猎,果遇太公於渭之阳,与语大说,曰:'自吾先君太公曰"当有圣人適周,周以兴"。子真是邪?吾太公望子久矣。'故号之曰'太公望',载与俱归,立为师。"

这段记载清晰地说出了"太公望"三个字的缘由:当年身为西伯侯的姬昌遇到姜尚,两人交谈后,西伯侯大喜,说我先君太公曾经说有圣人来投奔西周,西周因此会兴旺,这应该说的便是您,我们太公盼望您很久了。所以,姜尚也被称为太公望。

后人把姜尚与太公望结合,衍生出"姜太公"这一别号,因此先秦史料中不见姜太公这一称呼。

同时,这段记载也成为太公遇文王这一故事的源头,因为书中提到:"吕尚盖尝穷困,年老矣,以渔钓奸周西伯。"大意为姜尚曾经穷困潦倒，年迈时，借着钓鱼的机会见西伯侯。

从"年老矣"三个字衍生出姜尚初遇西伯侯时的不同年龄，同时后人引用《史记·齐太公世家》中"盖太公之卒百有馀年，子丁公吕伋立"之言，印证姜尚去世时年纪过百。

这些说法在史料来源上便存在漏洞，很难取信于人。而真正关于姜尚的第一手史料，早已遗失，给后人的考证带来了重重困难。

笔者倾向于认为西周时代的太公望仅是一个名号，在这个名号下，是由数个真实的人在不同历史时期充当了太公望的角色。由于早年间的史官记录方式特异，造成了后人的误解。

这一推断，既能解释太公望年逾百岁的史书记载，也可以解释历史中的某些特殊现象。比如牧野之战后，姜尚莫名地从史书中消失，极少有关于他的记载。再如，相传姜尚之女邑姜嫁给周武王，成为王妃。若姜尚年迈时才遇到西伯侯，他的女儿必然过了适婚年龄，不可能嫁给周武王，更不可能为周武王生下子嗣。

附录4
微子启投诚

在先秦时代的史书中，便有对微子启投诚持否定态度的文献，《吕氏春秋·诚廉》便用微子启来衬托伯夷和叔齐的名节。

书中是这样记载的：从前周朝将要兴起时，有两位贤士住在孤竹国，名叫伯夷、叔齐。两人商量："我听说西方有个西伯，好像是个仁德之君,不如你我二人投奔他吧!"

于是两人向西行到周国去,走到岐山之南时,周文王已经去世。周武王即位后,为了宣扬周德,便派周公旦到四内❶去找胶鬲,并与他盟誓说:"你若是暗中投奔我,我将令你俸禄增加三级,官居一等。"胶鬲同意后,二人准备了三份一模一样的盟书,并把牲血涂在盟书上,一份埋在四内,两人各持一份而归。

随后,武王又派召公奭到共头山下去找微子启。召公奭与他盟誓说:"你若是投奔我,我将保你世世代代荣华富贵。"二人同样准备了三份一模一样的盟书,把牲血涂在盟书上,一份埋在共首山❷下,两人各持一份而归。

伯夷、叔齐听闻这件事后,相视一笑道:"周人的仁德,和我们原来听说的不一样。这不是我们所要追寻的'道'。当年神农氏治理天下,他在春夏秋冬祭祀时一向毕恭毕敬,但他不为求福。神农氏对百姓忠信为怀,尽心治理,无欲无求。百姓喜欢公正,便帮助他们实现公正;百姓喜欢太平,便帮助他们实现太平。而且神农氏从不利用别人的失败让自己成功,也不利用别人的卑微使自己高尚。如今周人看到殷商邪僻淫乱,便急急忙忙地想取而代之,这是崇尚计谋的表现;周人借助贿赂,倚仗武力,炫耀威势,把杀牲盟誓当作诚信,依靠四内和共首之盟来宣扬德行,宣扬吉梦取悦众人,靠屠杀攻伐攫取利益,用这些做法承继殷,这是用悖乱代替暴虐。我们听说古代的贤士,遭逢太平之世,不回避自己的责任;遭逢动乱之世,不苟且偷生。如今天下昏暗,周德衰微。与其依附周人,玷污

---

❶ 古地名。
❷ 山名,今河南省辉县境内。

我们的名节，不如远离周人，以保持我们的德行清白高洁。"

两人对周武王失望至极，便扭头向北游走，走到首阳山❶下时，干粮耗尽，饿死在当地。

根据《吕氏春秋》以及西周青铜器伯矩鬲的铭文中"鬲易（赐）贝于王"的记载，再结合牧野之战过程，这一切令微子启投诚之事留给了后人无限遐想。

附录5
《封神演义》中的比干之死

在史书中，商王帝辛的王叔比干常常以贤者的形象出现于大众面前。相传他幼年聪慧，勤奋好学；授以少师，辅佐商王帝乙；接受托孤之重，辅佐商纣王帝辛。他历经两朝，忠君爱国，为民请命，敢于直言劝谏。

因为商王帝辛被后世污名化，成为千古昏君的典范，王叔比干作为商王帝辛时代的近臣，难免会因此获得溢美之词。至于真相如何，有待于未来获得更多出土文物进行考证。

志怪小说《封神演义》中将王叔比干刻画为正面人物，用来衬托商王帝辛的昏庸。文中第二十五回与二十六回详细描述了比干之死的前因后果，故事性很强，十分精彩。

话说纣王听信妲己之言，命人修筑鹿台，历时两年零四个月终于完

---

❶ 山名，今山西省永济市南。

工。纣王大喜,与妲己一同前往鹿台游玩。

二人同坐七香车,比干则随行前往。众人抵达后,华丽的景色当即映入眼帘。只见楼阁重重,雕檐碧瓦,亭台叠叠,兽马金鸾。殿中嵌着明珠,夜放光华,空中照耀;左右铺设都是美玉良金,辉煌闪烁,一切仿佛天上人间。

比干看在眼里,心生可怜,这些都是搜刮无数民脂民膏而来,一座鹿台建成,不知背后有多少冤魂屈鬼。

苏妲己当年劝纣王修建鹿台时,说建成后会有仙女前来行乐。如今纣王询问,妲己便等三更时分纣王睡着时,元神出窍,前往朝歌南门外三十五里的轩辕坟内,将众多狐狸以及九头野鸡精召唤出来,让群妖幻化成仙女去迷惑纣王。

纣王肉眼凡胎,看不出妖怪真身,见状大喜,便与群妖日日寻欢作乐。

比干得知后,仰天长叹:"昏君执迷不悟,江山社稷狼狈不堪,国事日益荒废,天子无道,群魔乱舞,这是亡国的征兆。"

群妖在鹿台上肆无忌惮地饮酒烂醉之时,露出了真身,被比干看在眼里。比干回府,请黄飞虎等众多将军尾随醉酒的妖怪们,顺藤摸瓜找到轩辕坟里的妖怪巢穴。比干大喜,下令黄飞虎火烧妖怪巢穴。

这些狐狸喝醉了酒,迷迷糊糊,不知逃窜,被烧死在巢穴中。烈焰焚烧到中午时分,将士们才将洞里的狐狸扒出来,全是焦毛烂肉,臭不可闻。比干命人挑选出好的狐狸皮,剥下来缝制成一件皮袄,献给纣王。

妲己看到比干献上的皮袄,立刻知道这是用她狐子狐孙的皮缝制的。妲己一时间心如刀绞,心里想着:"比干老贼,我一定要将你的心挖出来报仇!"

不久后，妲己想到一条毒计。她在纣王面前装作生病，那病容梨花带雨，海棠醉日，分外惹人怜爱。纣王见妲己神色不同寻常，关切地询问缘由。九头野鸡精趁机对纣王诉说妲己有心痛之病，只需一片玲珑心便可痊愈。

纣王闻言，当即派人寻医求药，随后得知比干有一颗七窍玲珑心。纣王当即下令要比干剜心替妲己治病。

当年姜子牙预言比干有大难，因此送了比干一道护心符。比干听到剜心令后，立刻想到了姜子牙留的符箓，他将符箓找出来烧化在水里，喝了下去。他倚仗自己服下护心符，便前往宫中当面怒斥纣王："昏君，你是酒色昏迷。心少一片，我便会死。我没有犯下剜心之罪，为何要无辜遭受这飞来横祸？"

纣王一心要救妲己，便也怒道："君命臣死，臣不得不死。你当面毁朕名声，不配为臣。如果你不听命，朕便让武士动手挖出你的心来。"

比干心知有死无生，大骂道："妲己贱人，我下黄泉时，无愧于祖宗，取剑来！"青铜剑在手，比干向太庙拜了八拜，随后用剑将腹部剖开，伸手将心掏出，扔下后径自离去。因为有姜子牙所留仙符护心，比干取心之后，其血不流，其人不死。

只见他低头疾行，面如金纸。

比干走了约几里路，看见路旁有一个妇人，手中提着篮筐，叫卖无心菜。比干听见后停下询问："什么是无心菜？"

妇人回答："民妇卖的就是无心菜。"

比干又问："人若无心，将会怎样？"

妇人答："人若无心，将会死。"

比干大叫一声，一腔热血溅尘埃。为此，《封神演义》留下了一句谶语:"比干倚仗昆仑术,卜兆焉知在路旁。"大意是比干倚仗昆仑仙术捡回一条命,却不想被路边的民妇一句道破天机。

《封神演义》作为明代出现的小说,与历史真相极不相符;但作为文学著作,可读性却非常强,而且影响甚广。因此,笔者简述一二,以作对比。

附录 6
周公旦称王事件始末

周武王去世后将王位留给了儿子姬诵,即周成王。根据《尚书·大诰》以记载:"武王崩,三监及淮夷叛,周公相成王,将黜殷。"后人借此认为周公旦仅仅摄政,并没有称王。

然而,在同一本书中,《尚书·康诰》则记载:"王若曰:孟侯,朕其弟,小子封。"康叔在周成王时期获得分封,而他的身份是周成王的叔叔,因此文中的"王若曰""朕其弟"等言辞意味着此处的周王应是周公旦。

司马迁也认为当时周公旦已然称王,他在《史记·鲁周公世家》中记载:"其后武王既崩,成王少,在襁褓之中。周公恐天下闻武王崩而畔,周公乃践阼代成王摄行政当国。"文中"践阼"二字在古文中仅有两种意思,一种是祭祀,另一种是登基。司马迁在这里用"践阼"两个字,只能是登基的意思。

因为《史记》对后世史学家影响巨大,不少人也认为周公旦称王是事实。

笔者认为,《史记》的成书年代晚于成王时代九百余年,受史料缺失影响,记载或许存在失真之处。此外,《史记》中关于周武王去世时成王尚在襁褓之中的记载，逻辑上存在冲突，很难自圆其说。

传言周文王九十七岁去世，他去世后，周武王执政十余年才去世。因为年代久远，无从考证周文王与周武王父子的生卒年。但从历史事件的时间跨度来推测，周武王去世时已经年迈，他的儿子不可能处于襁褓之中。因此，《史记》中关于成王年少的记载不足为信。

而众多出土青铜器上的铭文，也为周公旦并未称王提出了佐证。其中最能体现周公辅佐成王的青铜器，当为收藏于中国国家博物馆的西周禽簋，禽簋内有铭文23字："王伐奄侯，周公谋禽祝，禽有脤祝，王赐金百孚。禽用作宝彝。"大意是成王征讨奄侯之前，周公旦训导其子大祝伯禽，伯禽以脤器致祭，成王赏赐大祝伯禽金百孚，禽用作宝彝以资纪念，兼告慰祖先。

顾颉刚先生根据西周禽簋的铭文，写过一篇《周公摄政称王——周公东征史事考证之二》，文中认为，"武王死后，周公奉了武王的长子诵继位，是为成王。为了这个新造的大邦还没有稳固，内忧外患接踵而来，非由一个才干和威望兼全的人担任起领导的责任不可，所以就由周公执行王政。周公既站在王的地位，发挥王的权力，人们口头上也就称他为'王'，史官记录他的文告时也就写作'王若曰'……为了周公实际上不是真的周王，所以当时固然有人称他为'王'的，但也有人照旧称他为'周公'的，也有'王'和'周公'杂用称呼的，记载中并不一律。例如，《鼎铭》云'隹周公于征伐东夷'，而《禽簋铭》云'王伐（奄）侯，周公某禽祝'，就都可以证明这一点"。

笔者深以为然。

附录 7
烽火戏诸侯真伪考证

烽火戏诸侯是一则流传千年的谣言。在谣言中，周幽王宠信冰美人褒姒，为了博美人一笑，点燃烽火台，戏弄诸侯。诸侯千里驰援，发现被骗，从此不再相信烽火传讯，以致后来犬戎攻破镐京，杀死周幽王时没有勤王救驾。

这个谣言漏洞百出。

在西周时期，王城附近方圆千里皆为王畿之地，归天子直属。诸侯的封地不在王畿之内，他们若想勤王救驾，必须从全国各地赶来，无法同时到达。

烽火作为预警系统，是秦汉时期才慢慢完善的，而在西周末年不可能存在这种预警系统。

退一步说，即使当时有其他预警系统，传递军情的效率一定低于烽火，一来一往间相当耗时。当初武王伐纣，从丰京赶到朝歌用了一个月的时间，这在当时来说已经是闪击战般的速度。如果犬戎偷袭王室，他们不可能耽搁到诸侯们勤王救驾才攻城。

周宣王晚年穷兵黩武，"丧南国之师"，周王室在诸侯国间威信尽失，周幽王在仓促之间难以号令天下。而且在烽火戏诸侯的谣言中，周幽王死于镐京。实际上，据考证，周幽王死于申国附近的骊山，而且是周幽王主动进攻申国。

近年出土的《清华简·系年》中记载："周幽王取妻于西申，生平王，王或（又）取褒人之女，是褒姒，生伯盘。褒姒嬖于王，王与伯盘逐平王，平王走西申。幽王起师，回（围）平王于西申。申人弗畀，曾人乃降西戎，以攻幽王。幽王及伯盘乃灭，周乃亡。邦君、诸正乃立幽王之弟余臣于虢，是携惠王。立廿又一年，晋文侯仇乃杀惠王于虢。周亡王九年，邦君诸侯焉始不朝于周。晋文侯乃逆平王于少鄂，立之于京师。三年，乃东徙，止于成周。"

在这段记录中，周幽王废长立幼后，王子姬宜臼逃亡西申国，即申国。周幽王出兵讨伐申国，申国勾结犬戎作乱，最终周幽王身死，邦君、诸正于是拥立周幽王之弟姬余臣即位，是为周携王。

根据《逸周书》推断，诸正应为西周时期的官职名称，而对于"邦君"一词则存在很大争议。对于西周金文和文献中的邦君，学者有不同的看法。任伟先生曾对这个问题做过细致的研究，他认为周室大分封后，王畿之内的封君泛称邦君；王畿之外，被周王"授民授疆土"的新封之君，爵称多为侯，故泛称诸侯；未被周王"授土授民"的邦国之君则被称为邦君，他们是在原有邦国范围内被周王重新册命的旧邦之君。西周晚期之后，邦君与诸侯的概念逐渐被混在了一起。

《清华简》中记录的邦君，在烽火戏诸侯谣言中，应是周幽王身边的奸臣虢石父。虢石父支持周幽王，虢石父去世后，其子虢公翰则扶持周携王上位。在这一历史时期，虢国一直站在周平王的对立立场，他们的国君在谣言中被污名化也在情理之中。

有关周携王的史料有被刻意抹去的痕迹，传世文献中几乎没有关于周携王的记载，谁也没想到，楚人将周平王弑君篡位之事写进了楚国历史。随着楚国《清华简》的重见天日，深埋千年的真相终于浮现在后人的眼前。

附录8
郑桓公去世时间考证

《史记·郑世家》记载，幽王十一年，"犬戎杀幽王于骊山下，并杀桓公。郑人共立其子掘突，是为武公"。周幽王死后，申侯等诸侯共立故太子宜臼，是为周平王。平王立，东迁于雒邑，辟戎寇。《左传》记载："周之东迁，晋郑焉依。"

《史记》这段记载存在冲突，郑桓公因勤王救驾而被杀，与周平王应是敌对关系，但郑桓公之子郑武公即位后，不仅没有为父报仇，反而帮助平王东迁，其中必有隐情。

周宣王二十二年，即公元前806年，周宣王之弟郑桓公因抗击猃狁有功被兄长封于郑❶，始建郑国，成为郑国第一代国君。

周幽王八年，即公元前774年，郑桓公又被侄子周幽王任命为周王室司徒。《周礼》中记载司徒的职责是"掌建邦之土地之图与其人民之数，以佐王安扰邦国"。

之后，关键的时间节点出现了，《国语·郑语》记载："幽王八年而桓公为司徒，九年而王室始骚，十一年而毙。"按照史官用词，天子去世为崩。因此，在这句话中，只能是郑桓公去世。

可是烽火戏诸侯背后隐藏着弑君篡位的阴谋，周平王得位不正，为了维护他的执政正统性，势必会将责任推卸于周幽王身上，史官用"毙"字

---

❶ 今陕西省渭南市华州区。

记载周幽王之死也合乎情理。

根据出土的《清华简·郑桓公问太伯》以及《清华简·韩非子》等先秦文献记载,郑桓公在周幽王去世后四年依然健在。所以,辅佐周平王东迁之人应为郑桓公,而非郑武公。

如此一来,郑桓公应是周平王的支持者。这个结论,也为郑武公和武姜的婚姻提供了合理性。

史书记载,武姜为申国国君之女,而周平王的母亲也为申国国君之女。申国国君与周平王等人勾结犬戎作乱,导致西周灭亡。若郑桓公出兵支持周幽王,并且沙场阵亡,郑武公不可能将杀父之仇抛之脑后,一年后转变立场帮助周平王东迁,郑武公也不可能迎娶申国国君之女武姜为郑国夫人。

史学家对申国本身有争议,仅申国之名便分为西申国、东申国以及南申国。目前公认周平王之母出自西申国。

从平王东迁后周平王与郑武公的关系,以及武姜垮台后周郑交恶的史实推断,武姜与周王室的关系非常密切,极有可能有血缘关系。

此外,史书中没有申国国君的姓名,从时间跨度上推算,申国国君之女申后与申国国君之女武姜应该是两代人。

公元前770年,周平王已然东迁,申后的年纪应在三十岁以上,即申后应该为公元前800年左右生人。而武姜在公元前761年嫁入郑国,四年后,即公元前757年生下长子寤生。申后和武姜分别活跃于两个年代,不太可能是亲姐妹关系,武姜是下一任申国国君之女的概率更大。而从血缘关系分析,周平王与武姜是表兄妹关系。

至此,郑国在平王东迁时期的行事逻辑可以理得很清晰:郑桓公并没有出兵讨伐周平王,也没有在战乱中随周幽王一同去世。相反,他在周幽王驾崩后,出兵帮助周平王东迁至成周。此后,周、郑进行了政治联姻,周平王的表妹武姜嫁给郑桓公之子郑武公,并且生下寤生与共叔段,为后续的历史发展埋下了伏笔。

附录 9
共和行政谜团与平王东迁时的卫国

很多史书将周厉王评价为昏君,《史记》记载:"幽厉昏乱,既丧酆镐。"文中提及的"厉"字便是周厉王。

实际上,出土的青铜器,诸如虢仲盨、噩侯驭方鼎,上面的铭文记载了周厉王远征淮夷之事,由此推断他似乎不是一位昏庸无道的天子。

周厉王即位于公元前878年,当时传承了近两百年的周王朝经历了昭王南征不复、懿王迁都避祸等重大打击,江山社稷摇摇欲坠。

周厉王上位后,为了挽救行将就木的周王朝,做出了一系列重大改革。而这些改革侧重于与民争利,很有商人治国的风格。周厉王政治目光短浅,他采用高压手段,实行多种重利轻义的举措,得罪了诸侯、贵族等阶层。

终于,在公元前842年,王城内爆发了规模空前的大暴乱,上至贵族,下至士农工商,全民协力推翻周厉王的统治。周厉王逃到彘地❶,最终死于

---

❶ 今山西省霍县东北。

彘地，谥号厉王。

这场暴动看似顺理成章，但仔细分析，则会发现其中有很多不合逻辑的地方。

周厉王在位三十七年，采用高压统治政策。他手上有卫巫这样强力的间谍机构，监听天下。而一般突然发生的暴乱组织力并不高，外加参与成分众多，本应是一场松散的暴动。虽然事发突然，周厉王措手不及，但给他一些缓冲时间，以周厉王多年的统治根基，平乱的难度不大。

最后，周厉王远逃彘地，这里远离西周国都千里，其中一段路程与国都前往成周雒邑的路途重叠，彘地比成周雒邑远一百多里。周厉王逃到成周雒邑明显是一个更好的选择，成周驻扎着天子的殷八师，周厉王若调动这支军队回国都，平乱并非难事。

此外，彘地的历史也很值得玩味。西周初年，管叔、蔡叔、霍叔合谋爆发三监之乱，其中霍叔的封地便在彘地。周公旦平定三监之乱，将霍叔贬为平民，霍国也因这段叛乱历史而沦为西周时期的边缘诸侯。

书中记载周厉王逃亡至彘地并最终死于彘地，会给人一种错觉，似乎他流亡后不久便去世了。实际上，周厉王在这场暴乱的十四年后才死于彘地。

十四年的光阴足够一位国君做很多事情，可是他却默默无闻地死去。种种疑点预示着周厉王并非仓皇出逃，而是被人流放到彘地。那么，谁有实力将执政三十七年的强硬天子流放呢？此人名叫召虎，史书上也将他称为召穆公。

召穆公是西周开国的四大功臣之一召公奭的后代。在周厉王执政时期，召穆公曾以"防民之口，甚于防川"之言，劝周厉王不要监听天下。

当大规模暴动开始时，召穆公更是上演了一场"狸猫换太子"的桥段,他用自己的儿子代替太子——他的儿子被愤怒的人民打死,太子则保住了一条性命。

一年后,召穆公联合共伯和行天子之事,史称共和行政。而公元前841年也被称为共和元年,这是里程碑式的一年。从此以后,中国历史再无断代,我们从商周的半信史时代迈入了信史时代。

但是,共和执政的细节是一个千古谜案,谜案的中心便是共伯和的身份。

《史记》记载:"召公、周公二相行政,号曰'共和'。共和十四年,厉王死于彘。太子静长於召公家,二相乃共立之为王,是为宣王。宣王即位,二相辅之,脩政,法文、武、成、康之遗风,诸侯复宗周。"

从司马迁的落笔分析,"共和"二字是同义词叠加,意思是共同、联合。《古本竹书纪年》则提供了另一个完全迥异的记载:"十三年,王在彘,共伯和摄行天子事。"

史学家历来对《古本竹书纪年》的这条记载存疑,然而近代出土的青铜器铭文却从侧面印证了共伯和代天子摄政之事。

铭文记载:"隹(唯)元年六月既望甲戌,王才(在)杜,(格)于大(太)室,井白内右(伯入佑)师虎,即立(中)廷,北(向),王乎(呼)内史吴曰:册令(命)虎,王若曰:虎,(载)先王既令(命)乃且(祖)考事,啻(嫡)官(司左)右戏緐(荆),今余隹(唯)帅井(型)先王令(命),令女(命汝更)乃(祖)考,啻(嫡)官(司左)右戏緐荆,苟(敬夙)夜勿灋令(废朕命),易女(锡汝)赤舄,用事。虎(敢拜稽)首,对(扬)天子不(丕)鲁休,用乍(作朕烈)考日庚(伯尊簋),子子孙孙(其)永宝用。"

这篇铭文似乎在记录共伯和作为"王"封赏一位贵族将领之事。

2008年，清华大学首次公布了一批战国时期楚国的竹简，其中记载："至于厲王，厲王大瘧于周，卿李（士）、諸正、萬民弗忍于厥心，乃歸厲王于彘，共伯和立。十又四年，厲王生宣王，宣王即位，共伯和歸于宋（宗）。"❶

《清华简》中记载了共伯和摄政之事，并记载了十四年后宣王即位，共伯和还政于周王室宗室。

出土文物为共伯和摄政提供了强有力的证据，而共伯和是谁，他如何能得到召虎的支持，则是一个新的谜团。

《吕氏春秋》《庄子》等一系列战国文献提到过共伯或者共伯和，《吕氏春秋·慎人》中记载："共伯得乎共首。"

《吕氏春秋·慎人》将共伯和描述为古代得道之人，穷困也开心，显达也开心，因此共伯和在共首山怡然自得。这似乎很符合共伯和还政周王室的记载。

共首山位于今河南省辉县市，当时隶属于卫国，卫厘侯之子便是卫共伯，而卫共伯的继任者是他的弟弟卫武公。卫武公姬姓，卫氏，名和。"共伯和"三个字，仿佛是这对兄弟名字的结合。种种线索将共和行政与卫国紧密相联，似乎当时的卫国可以左右周王室的政事。

传说卫共伯特别宠爱弟弟卫和，结果卫和偷袭卫共伯，逼卫共伯自杀。而后卫和即位，成为卫武公。❷

---

❶ 李学勤.《清华大学藏战国竹简（二）》释文.上海：中西书局，2011.
❷ 《史记·卫康叔世家》记载："共伯弟和有宠于厘侯，多予之赂；和以其贿赂士，以袭攻共伯于墓上，共伯入厘侯羡自杀。卫人因葬之厘侯旁，谥曰共伯，而立和为卫侯，是为武公。"笔者存疑。

卫武公执政晚年又参与了平王东迁的大事。王室衰微，周平王又有弑君嫌疑，他是否因担心卫武公效仿共和行政而有意限制卫国，笔者不得而知。其中千秋功过，有待后人评说。

附录10
卫国的乱世家谱

周郑交恶时期，尽管公子州吁权力欲作祟，野心膨胀，但他的行为毕竟尚且合理。公子州吁被杀后，石碏将流亡在外的公子晋迎回卫国即位，史称卫宣公。

卫宣公道德败坏，做事丧尽天良。他身为公子时，对父亲的妾室夷姜垂涎三尺，并最终与夷姜曲径通幽，生下三个儿子，长子名为伋子，次子名为公子黔牟，幼子名为公子顽。❶卫宣公即位后，便将伋子立为卫国的太子。卫宣公对夷姜爱得深沉，因此请右公子做伋子的老师，狠抓太子的教育。

时光荏苒，伋子成年后，卫宣公与齐国联姻，齐僖公便将女儿宣姜嫁给伋子，作为卫国太子妃。宣姜抵达卫国后，卫宣公只看了她一眼，便将儿子和伦理道德抛到脑后，直接让人把宣姜送到自己床上。

齐僖公得知原委后，一口老血喷出三尺，我把你当兄弟，你却把我当岳父。可木已成舟，生米煮成了熟饭，只能不了了之。

---

❶ 《左传》记载"卫宣公烝于夷姜"，烝字特指以下淫上，即晚辈主动与长辈乱伦。

夷姜从此失宠，不久后就上吊自杀了。宣姜入卫国后宫，也有些神情恍惚，因为她的亲姑姑庄姜是卫宣公春秋礼法上的母亲，她此行前来本是要嫁给卫国太子伋子，结果未婚夫成为她春秋礼法上的儿子，公公成为她的夫君，姑姑成为她的婆婆。

这一切，只是卫国乱世家谱的开始。

宣姜为卫宣公生了两个儿子，长子名为公子寿，次子名为公子朔。谁也没想到，卫宣公的爱会转移，他又开始对宣姜爱得深沉。卫宣公同样爱屋及乌，也十分喜欢公子寿，并命左公子做公子寿的老师，大力栽培公子寿。

左右公子在卫国声望显赫，私交甚好。在他二人的教导下，太子伋子与公子寿可谓兄弟情深。但这一切却随着公子朔的出生而发生变化，《左传》记载："及朔之生，卫顷不宁。"

公子朔与太子伋子感情浅薄，公元前701年，宣姜和公子朔诽谤太子伋子。卫宣公被蒙蔽了双眼，他对太子伋子的态度急转直下，从宠爱变成憎恶。卫宣公性情凉薄，他没有废长立幼，而是设计暗杀太子伋子。

同年，卫宣公假装派伋子出使齐国，暗地里则派人在卫国与齐国边境莘地❶设下杀局。春秋时期，诸侯国的使臣出使其他国家时，会将白色牛尾巴绑在旗子上，名为旄节。卫宣公吩咐杀手，只要看见拿着白色旄节之人，格杀勿论。

公子寿得知阴谋，十万火急地找到太子伋子，通知对方立刻逃跑。太子伋子不愿违抗父命，明知是死，也甘愿前往。公子寿大急，无奈之下，以送行为借口，用酒将太子伋子灌醉，随后偷了对方的白色旄节前往莘

---

❶ 今山东省聊城西南。

地。杀手见目标人物现身，手起刀落，将公子寿斩于刀下。

太子伋子酒醒后，心知大事不妙，立刻赶往莘地，可是为时已晚，等待他的是公子寿冰冷的尸体。伋子哀莫大于心死，质问刺客："该死之人原本是我，为何要杀无辜的公子寿？"

杀手们以信誉为本，诚信经营，他们很敬业地又将太子伋子杀死，随后回程向卫宣公复命。卫宣公坏事做绝，一年后两腿一蹬便撒手人寰。他在临死前将公子朔立为太子，史称卫惠公。

卫惠公即位后，左右公子因憎恨卫惠公与宣姜残害太子伋子与公子寿，二人联手起兵作乱，驱逐卫惠公，并改立太子伋子的弟弟公子黔牟为君，史称卫君黔牟。卫惠公则逃到了周王室寻求庇护。

因为当年宣姜与卫惠公合谋陷害太子伋子，宣姜又贵为齐僖公之女，齐人不知出于何种目的，请卫君黔牟的弟弟公子顽迎娶宣姜，公子顽又被后世称为卫昭伯。

卫昭伯听到齐人的提议，坚决反对。宣姜原本是卫昭伯的嫂子，结果莫名其妙地成为卫昭伯的后妈。他若与宣姜成婚，弟弟卫惠公将成为他的继子。

这种伦理难容的关系，在齐人眼中司空见惯。史书明确记载，齐僖公的四位子女有不伦之实，包括宣姜、文姜、齐襄公以及春秋五霸之一的齐桓公。时任齐国国君齐襄公，逼迫卫昭伯迎娶姐姐宣姜。❶

形势比人强，最终卫昭伯同意了这门亲事。而卫国的乱世家谱也即将进入高潮，宣姜与卫昭伯共有两男三女五位子嗣。这五人的辈分怎一个

---

❶ 《左传》记载：齐人命昭伯烝于宣姜。

"乱"字了得。他们的父亲卫昭伯，也是他们礼法上的哥哥；他们的母亲宣姜，也是他们的奶奶；他们的叔叔卫惠公，还是他们同母异父的哥哥。

宣姜的两个儿子，有两位后来成为卫国国君，即卫戴公与卫文公；而三个女儿则分别嫁给齐桓公、宋桓公与许穆公，成为齐子、宋桓夫人和许穆夫人。❶后来因卫懿公好鹤亡国，宋桓夫人和许穆夫人发挥了联姻作用，尤其是宋国，成为援助卫国的主要诸侯之一。

附录 11
文姜考证

《春秋》和《左传》都有对文姜的记载，但两本书的记录却有很大的不同。《春秋》仅仅提到过一次文姜，即庄公二十二年文姜去世之时，《春秋》提到"葬我小君文姜"，意为将鲁国夫人下葬，谥号文姜。

而《左传》中多有对文姜的记载，这些记载中似乎暗藏着春秋笔法。

文姜在鲁桓公六年第一次出现于史料中，即公元年706年，《左传》记载："齐侯欲以文姜妻郑大子忽，大子忽辞。"

而在鲁桓公三年，即公元前709年，鲁桓公则迎娶了一名齐国女子，《春秋》《左传》同时记载，"桓公三年，秋七月，公子翚如齐逆女。九月，齐侯送姜氏于欢。"逆，即为迎娶之意。《左传》补充："夫人姜氏

---

❶ 中华书局出版的《左传》认为，齐子即齐桓公的宠姬长卫姬。从齐子的名字、身份以及生活年代推断，中华书局的结论应该无误。

至自齐。"夫人姜氏，意为鲁桓公的正室夫人。

若公元前709年嫁入鲁国的夫人姜氏即为文姜，那么齐僖公不可能在公元前706年以齐国之名将鲁国夫人文姜许配给郑国世子。

笔者认为，齐僖公可能先后将两个女儿嫁给了鲁桓公，一个是桓公三年出嫁的夫人姜氏，另一个便是桓公六年出嫁的文姜。

桓公十八年，其中一名齐国女子与齐僖公发生不伦之恋，随后鲁桓公身死齐国。鲁庄公即位后，"元年春，不称即位，文姜出故也。三月，夫人孙（通假字，逊）于齐。不称姜氏，绝不为亲，礼也"，意为鲁桓公因为文姜在外，继承鲁国国君之位时，春秋史官按照礼乐制度，不用"即位"二字记载，同时鲁庄公与文姜断绝了母子关系。

令人迷惑不解的是，《左传》在鲁庄公元年后，在不同年份中，分别用了"夫人姜氏"和"文姜"两种称呼。

《左传》记载："（庄公）二年冬，夫人姜氏会齐侯于禚。书，奸也。（庄公）四年春王二月，夫人姜氏享齐侯於祝丘。（庄公五年）夏，夫人姜氏如齐师。（庄公）六年春，王人救卫。夏，卫侯入。冬，齐人来归卫宝，文姜请之也。（庄公）七年春，文姜会齐侯于防，齐志也。（庄公十五年）夏，夫人姜氏如齐。（庄公十九年）夫人姜氏如莒。（庄公）二十年春王二月，夫人姜氏如莒。（庄公二十一年）秋七月戊戌，夫人姜氏薨。（庄公二十二年）癸丑，葬我小君文姜。"

春秋史官们会有一些后人不了解的潜规则，例如在庄公元年时，《春秋》和《左传》故意删掉"夫人姜氏"中的"姜氏"二字，暗有讥讽夫人姜氏之意。再如，《春秋》记载"郑伯克段于鄢"，将郑庄公称为郑伯，意为郑大哥，讥讽他没能很好地教育弟弟。将共叔段称为段，而隐去表示长幼之序"伯仲季叔"中的"叔"字，则是讽刺共叔段不遵守做弟弟的本分，所以他不配做弟弟。"克"字往往用作两个诸侯国之间的征战，此处用"克"字，意为郑庄公与共叔段的争斗毫无亲情可言。因为春秋史官的记录潜规则，后人往往用微言大义来形容春秋史官们的记述风格。

《左传》作为重要的春秋史书，记述用词往往充满深意。但鲁桓公被杀后，《左传》却反常地将夫人姜氏和文姜混淆使用，这不由得引起后人的深思。

更重要的是，文姜因不伦之恋导致鲁桓公被杀，她是这场弑君惨案的凶手之一。然而在她去世时，鲁国为下葬文姜而举行大赦，葬礼规格极高，并以千古美谥"文"字作为她的谥号，可见鲁国人民对文姜的爱戴。

假如"文姜"这个名字之下实际有两个真实人物，一个做下不伦之恋，另一个则精心辅佐幼主鲁庄公，那么很多谜团将会迎刃而解。笔者不过是从故纸堆中找寻真相，终究是一家之言。

附录12
管鲍之交

今日我们用"管鲍之交"来形容两人交情匪浅，来源便是管仲和鲍叔牙。

据说管仲的祖上是姬姓的一个分支，管家也算贵族出身，管仲的父亲管庄曾经做过齐国的大夫。但管仲家族是如何没落的，史书上并没有详细记载。而鲍叔牙同样出身于贵族，鲍家在齐国称得上富甲一方。

由于这两家是世交，管仲和鲍叔牙从小一起长大，关系密切。后来管仲家境没落，鲍叔牙重情重义，时常救济管仲，并出钱帮助管仲做生意。

春秋时代有着士农工商的阶级划分，经商之人在士大夫眼中属于下九流的贱民。管仲作为一个贵族出身的人，自降身份去做当时人们认为十分卑贱的职业，这种能屈能伸的胸襟确实令人佩服。

在管仲的努力经营下，生意终于关门大吉。但鲍叔牙从来没有怪罪过管仲，反而贴心地安慰他。

管仲为了谋取生路，又参军入伍。据野史记载，管仲皮肤黝黑，身材矮胖。在早年三次征战沙场，三次都做了逃兵。因此，人们纷纷指责管仲贪生怕死，鲍叔牙替他辩解说："管仲不是怕死，而是他家中有老母需要照顾。"

管仲做生意失败，当兵又成了逃兵，鲍叔牙又为他走仕途铺路，数次将他推荐给齐襄公。管仲与齐襄公气场不合，数次被驱逐。鲍叔牙作为推荐人，仕途也受到影响。二人没办法，分别投靠了公子纠和公子小白。

如果不是齐襄公发生意外，公子纠和公子小白恐怕没有机会成为国君。管仲和鲍叔牙投奔他们也不过是混口饭吃。

但人生处处有惊喜，随着历史的车轮把齐襄公无情地碾轧，命运又将管仲与鲍叔牙推到了对立面。

公元前685年秋，管仲率兵拦截公子小白时，他与鲍叔牙上演了一场生死对决。最终公子小白诈死，管仲没有赶尽杀绝，放了鲍叔牙一马。

管仲因为这个过错，在乾时之战中被公子纠贬到后方调度后勤，没有参与作战决策。而鲍叔牙率齐军取得乾时之战的胜利后，他做的第一件事便是救管仲。

传说鲁桓公手下有位智谋奇才，名为施伯，他看穿了鲍叔牙的企图，向鲁庄公劝谏："管仲此人有盖世才华，齐桓公口口声声要报仇，实则是准备重用管仲。一旦管仲相齐，我们鲁国必会受到威胁，眼下最好的对策是杀了管仲，将尸首交给齐桓公。"❶

齐国使臣早已得到鲍叔牙的命令，他听到施伯之言，立刻威胁对方："管仲曾经射伤敝国国君，此仇不共戴天。若鲁国杀了管仲，只把尸体送回，国君将视鲁国未交出管仲。那么齐军必不罢休，一定会攻打鲁国。"

鲁庄公没有走出战败的阴影，他没有听从施伯的建议，而是按照齐国的要求，把管仲放入囚车中送往齐国。

管仲在回去的路上担心施伯在暗中下杀手，便对车夫说："你们赶路太辛苦了，我唱歌给你们听吧！"

据说，管仲一路上都在唱《天鹅歌》。听了管仲的歌声，马夫们精神抖擞，驾着马车飞一样地跑回了齐国。

笔者对此持怀疑态度。史书中并没有记录《天鹅歌》之事，同时，唱一支歌曲的时间不会太久，而马夫听歌曲后精神抖擞的描述偏于荒诞，不足为信。

此外，施伯其人，只在《史记》中出现过，是一个孤证。

乾时之战时期的管仲，人生履历并不成功。管仲早年家道中落，为官时数次被国君驱逐，经商失败，从军做逃兵，以数倍兵力截杀齐桓公这种十拿九稳的事情也被管仲搞砸了。

---

❶ 《史记·鲁周公世家》记载："齐欲得管仲，非杀之也，将用之，用之则为鲁患。不如杀，以其尸与之。"

所谓"千里马常有,而伯乐不常有"。世人只看管仲失败的前半生,很难相信他是一匹千里马。所以,施伯对管仲的判断有后人杜撰之嫌。

最终鲍叔牙将管仲引荐给齐桓公,成就了管仲的千古美名。

附录 13
春秋猛将南宫长万

南宫长万原本是宋国的贵族,传说他能把数百斤重的大鼎抛到半空,不管下坠的势头多猛,他都能接住,号称"力能扛鼎"。

野史记载,在乘丘之战中,南宫长万手持大戟冲入鲁军阵中,势不可当。鲁庄公依靠神弓金仆姑,于乱军丛中将南宫长万射伤,才将他擒获。鲁庄公身为山东大汉,也是勇猛之人,他识英雄重英雄,所以并没有将南宫长万斩杀。

乘丘之战结束后不久,齐国以难以形容的速度崛起。鲁国君臣倍感压力,于是寻找机会与宋国缓和关系,恰逢宋国遇到大水灾。

关于这次水灾,虽然史书中仅用四个字记载,"秋,宋大水",可但凡史书中出现的灾难都是非常重大的灾难,否则史官根本不会记录。即使饥荒到人吃人的地步,史官也仅会记录"大荒,人相食"。

鲁国趁宋国水灾,派使臣前往,并赠送粮食帮助宋国赈灾。时任宋国国君宋闵公手书一封竹简,感谢鲁国在危难时刻施以援手;同时宋闵公在信中反思执政不力,所以上天降下水灾以示惩罚。

鲁国君臣看完竹简,顿时被宋闵公的风采折服,他们将宋闵公视为有德之君。然而事后证明，罪己竹简根本不是出自宋闵公之手，而是他的弟弟公子御说代笔。实际上，宋闵公说话向来不留口德，得罪过不少人，宋国群臣敢怒不敢言。

公子御说更趁机向鲁国提出释放南宫长万的请求。鲁国为了缓和与宋国的关系，便答应了对方的请求。

谁也不承想，南宫长万回到宋国后被宋闵公劈头盖脸好一顿奚落，宋闵公当众对他说："我以前以为你是个勇士，才会尊重你，没想到你会成为鲁国的俘虏，我以后不会再尊重你了。"

南宫长万刚被释放回国，听完宋闵公之言，心中酸楚，但他身为人臣，只能默默忍受这种羞辱。宋闵公类似的言行不止一次，后来宋国打算觐见周天子，南宫长万请求宋闵公带他一同前往，他说："我从没见过天子，您能否带我一同前往成周雒邑？"

宋闵公讥讽道："你一个鲁国的俘虏去干什么，难道你是想告诉天子，我宋国没人了吗？"

南宫长万身为春秋十大猛将之一，刀斧加身之时他不会皱一下眉头。可宋闵公总是轻蔑侮辱他，他便难以忍受。

在南宫长万归国的第二年秋天，即公元前682年，宋闵公与群臣一同狩猎，结果他和南宫长万争执起来。

其中的原因众说纷纭，有人说，因为这俩人下棋时产生了争执；也有人说，因为南宫长万抢了宋闵公的猎物，宋闵公心中不快，找了个借口，和南宫长万发生了口角。

总之，在争执过程中，宋闵公再次以南宫长万为鲁国俘虏之事对其大肆嘲讽。南宫长万忍无可忍，当场将宋闵公弑杀。激情杀人之余，南宫万一不做二不休，又将宋闵公身边的侍从全部杀死。

随宋闵公出行的华父督和大夫仇牧听到消息后赶紧前往案发现场，上演了一出千里送人头的戏码，也被南宫长万杀了。

华父督是宋国重臣，早在宋殇公时代他便是文官之首，他曾经为抢夺孔父嘉之妻，先后将孔父嘉与宋殇公杀死。三十年河东，三十年河西，如今华父督也被弑君者杀了，当真是天道好轮回。

那一日，春秋猛将南宫长万大开杀戒，知道前因后果之人早已气绝身亡，因此对于这场争执的起因才会众说纷纭。

国君与重臣尽数被屠戮，南宫长万已无回头之路，他索性发动政变，拥立宋闵公的弟弟公子游为君。其他公子惧怕南宫长万威名，纷纷流亡到其他国家。

其中南宫长万最忌惮的公子御说逃到了亳城。南宫长万便派儿子南宫牛和心腹爱将猛获带兵进攻亳城。

公子御说声名远播，他联合公室子弟对抗南宫牛和猛获，并且从曹国搬来救兵。最终公子御说反杀南宫牛，而猛获战败后趁乱逃到了卫国。公子御说得胜后，率领兵马展开平乱之战，向南宫长万反攻。南宫长万徒有武力，却无天时地利人和，他见大势已去，只好逃往陈国。

南宫长万是一个著名的孝子，他在逃命之时丢下家眷子嗣，唯独带上了家中的老母，用独轮车推着老母一起逃命。据《左传》记载，从宋国到陈国的距离约有二百六十里，南宫长万以人力推车，朝发夕至。

春秋时期的一里地约相当于今天的400米，换算后，南宫长万推着独轮车与老母，奔跑一百公里，仅仅用了十多个小时，确实勇猛过人。此外，南宫长万的儿子南宫牛已经可以征战沙场，那么南宫长万至少四十岁开外，以这个年纪完成如此高强度的奔跑，确实无愧于春秋十大猛将的威名。

南宫长万一逃，公子游的政权瞬间垮台，随后公子御说将公子游处死，并顺势即位，史称宋桓公。宋桓公稳定宋国内政后，派人与卫、陈两国交涉，卫国同意将猛获引渡回宋国。可是南宫长万凶名在外，陈国不想引火烧身。重赏之下，必有勇夫，宋国使臣贿赂陈国后，对方才将此事应承下来。

所谓温柔乡，英雄冢。陈国对南宫长万施展出美人计，他们找来一群美女陪南宫长万喝酒，趁着南宫长万烂醉如泥之际，用犀牛皮将他包起来捆紧，同时与他的母亲一同押回宋国。最终，宋桓公将南宫长万和猛获剁成肉酱，并灭二人全族，南宫长万年迈的老母亲终究没能逃过一死。

附录 14
柯地会盟

《史记·刺客列传》记载："曹沫者，鲁人也，以勇力事鲁庄公。庄公好力，曹沫为鲁将，与齐战，三败北。鲁庄公惧，乃献遂邑之地以合。

"齐桓公许与鲁会于柯而盟。桓公与庄公既盟于坛上，曹沫执匕首劫齐桓公，桓公左右莫敢动，而问曰：'子将何欲？'曹沫曰：'齐强鲁弱，而大国侵鲁亦甚矣。今鲁城坏即压齐境，君其图之。'桓公乃许尽归鲁之侵地。既已言，曹沫投其匕首，下坛，北面就群臣之位，颜色不变，辞令如故。桓公怒，欲倍其约。管仲曰：'不可。夫贪小利以自快，弃信于诸侯,矢天下之援,不如与之。'于是桓公乃遂割鲁侵地,曹沫三战所亡地尽复予鲁。

"其后百六十有七年而吴有专诸之事。"

大意为鲁国人曹沫因勇猛而被鲁庄公重用,但他率兵与齐作战,三战皆败。鲁庄公畏惧齐国,献上遂邑求和。后来齐桓公与鲁庄公于柯地会盟,二人在会盟坛上,曹沫手执匕首劫持齐桓公,向齐桓公索要土地。管仲劝齐桓公同意曹沫的要求,最终曹沫凭借这次劫持收复了鲁国丢失的土地。

众多史学家对《史记·刺客列传》的记载提出质疑,疑点之一便是曹沫的身份,《春秋》《左传》中都没有曹沫的存在。由于春秋时期"沫"字和"刿"字的写法和读音相近,有人便认为曹沫即《左传》中"曹刿论战"的主角——曹刿。

我们姑且承认这一说法,但《史记》的记载仍有漏洞。曹刿在长勺之战时第一次出现于史书上,此后齐鲁双方在乘丘之战中对阵过,但没有交手,而这两战均为鲁国取胜。

一年后,天子之女王姬下嫁齐桓公,鲁庄公按照礼乐制度操持婚礼。齐鲁两国以此为契机,缓和敌对关系,此后两国再无交战。既然没有交战,《史记》中曹刿的三战败北也就无从说起。

此外,《史记》也没有交代曹刿为何会在劫持齐桓公之后索要遂邑。遂邑即今山东省汶阳镇。汶阳之名始于春秋,山南水北谓之阳,这里位于汶水以北,介于肥城与宁阳县之间。汶阳的自然条件很好,四面环水,水源充沛,土地肥沃,《春秋》和《左传》中都有关于齐鲁争夺汶阳的记载。

然而汶阳最初并不属于齐、鲁两国,而是属于山东地区的小诸侯国遂国。遂国之人原本是虞舜的后裔,在宁阳、肥城一带建国,因为实力弱小，在西周后期乃至春秋时期一直是鲁国的附属国。

公元前681年六月，齐军挥兵征伐遂国，将其灭国。❶

同年冬天，齐桓公与鲁庄公便进行柯地会盟。❷《史记·刺客列传》中提到的遂邑，很有可能是遂国被齐国吞并后形成的遂邑。

《春秋》《左传》以及《古本竹书纪年》同时记载了在柯地会盟后四年，即公元前677年，齐国驻军被当地遂国遗民全歼之事。由此推断，当时遂国故地被齐军控制。

柯地会盟后，齐桓公推动称霸中原之事，并且在第二次鄄地会盟中始霸中原。从柯地会盟到齐人被歼于遂事件期间，齐鲁并没有征战。如果在柯地会盟中鲁庄公取得了遂邑，在此期间，遂邑应该被控制在鲁国手中，那么四年后齐军便不会被遂国后裔全歼。

根据以上几点分析，《史记·刺客列传》中关于曹沫的记载当为杜撰。

附录15
斗穀於菟身世之谜

关于斗穀於菟身世的记载，出自《左传·宣公四年》："初，若敖娶于䢵，生斗伯比。若敖卒，从其母畜于□（鄖国），淫于□（鄖）子之女，生子文焉□（鄖）夫人使弃诸梦中，虎乳之。□（鄖）子田，见之，

---

❶ 《左传·庄公十三年》记载："夏六月，齐人灭遂。"
❷ 《左传·庄公十三年》记载："冬，公会齐侯，盟于柯。"

惧而归，以告，遂使收之。楚人谓乳谷，谓虎于菟，故命之曰斗谷于菟。以其女妻伯比，实为令尹子文。其孙箴尹克黄使于齐，还，及宋，闻乱。其人曰：'不可以入矣。'箴尹曰：'弃君之命，独谁受之？君，天也，天可逃乎？'遂归，覆命而自拘于司败。王思子文之治楚国也，曰：'子文无后，何以劝善？'使复其所，改命曰生。"

当初楚王若敖在𨚖国娶妻，生了斗伯比。楚王若敖死后，斗伯比跟着他的母亲在𨚖国长大，并且和𨚖国国君之女私通，生了子文。𨚖夫人担心私通之事败露，便让人把子文丢在云梦泽里。𨚖国国君前往云梦泽打猎时，看到有老虎给斗子文喂奶，害怕而归。他的夫人把女儿私生子的前因后果告诉他，𨚖国国君便让人收养了子文。楚国人把奶叫作"谷"，把老虎叫作"於菟"，所以就把这个孩子叫作斗谷於菟。后来𨚖国国君将女儿嫁给斗伯比为妻。斗谷於菟便是令尹子文。

《左传》的这个记载偏于荒诞，此外，故事中出现的人物时间跨度很大，有些不合理。楚王若敖于公元前791年即位，公元前764年去世，在位一共27年。楚王若敖如果真的在𨚖国娶妻，应该发生在他即位前，斗伯比应该生于公元前791年之前。但《左传》在公元前706年第一次记载斗伯比，中间跨度85年，而且没有提到斗伯比年迈。

斗谷於菟在子元之乱后成为楚国令尹，即公元前664年，按照《左传》的记载，祖孙三代之间年纪相差127岁，与事实不符。

此外，若斗伯比在𨚖国长大，并且与𨚖国之女私通还生下斗谷於菟，那么他对𨚖国的感情应该很深。毕竟这里是他的故乡。然而公元前701年，斗伯比担任楚国令尹时，楚武王派屈瑕和斗廉攻打𨚖国，两国之间爆发过一场蒲骚之战。斗廉作为斗伯比的弟弟，在主将屈瑕怯战时，率领精兵夜袭敌营，一举击溃对手。史书上却没有提及斗伯比关于蒲骚之战的态度。

春秋后期的文献中大多以贤相之名赞美斗縠於菟，而斗縠於菟毁家纾难的举动也帮助楚成王安定了楚国，为楚国争霸中原奠定了基础。然而，因为斗伯比和斗縠於菟父子二人为楚国立下赫赫战功，若敖氏家族在楚国迅速崛起，这也为数十年后的若敖氏之乱埋下伏笔。

附录 16
王子颓之乱

卫惠公即位之初，卫国左右公子叛乱，拥立公子黔牟为君。天子周庄王命齐襄公平乱，出兵护送卫惠公回国平乱。至此，卫惠公对周庄王感激涕零。

周庄王有一位宠姬，名为姚姬，她为天子生下一子，便是王子颓。春秋时后宫最常上演的戏码便是子凭母贵，周庄王对姚姬的宠爱溢出来，洒了一些在王子颓身上。不过周庄王不同于其他天子，他没有废长立幼。

公元前676年，周惠王即位，他以天子之尊侵占贵族们的土地。一年后，对周惠王积怨已久的贵族们联合作乱，并请出王子颓，准备拥立王子颓为君。

卫惠公因为当年与周庄王的那段香火情，便出兵帮助王子颓攻打周王室。自郑庄公时代起，卫国与南燕国的关系密切，卫惠公又出面请南燕国出兵相助，卫、燕联军浩浩荡荡杀回成周雒邑。

郑厉公抓住王子颓之乱的机会，拉近了与周王室的关系。而这次的王子颓叛乱，改变了中原各路诸侯的威望格局。此后数年，齐国在外交上的建树不多，会盟的频率也远低于周釐王执政时期。

直到周惠王执政末期，齐桓公通过干涉周王室的储君之争，才将霸业推至巅峰。

附录 17
哀姜之谜

关于哀姜的身份流传着多种说法，最为人所熟知的应该是源自《史记·齐太公世家》的记载："桓公女弟也。"由此出现了哀姜是齐桓公之妹的说法。

此外，《烈女传》中记载："哀姜者，齐侯之女，庄公之夫人也。"由此也产生了哀姜之父为齐僖公或齐襄公或齐桓公三种说法。

若哀姜为齐僖公之女，此说法与《史记》相同，齐桓公和哀姜同为齐僖公子女，二人自然为兄妹关系。

虽然史书没有记载齐僖公的出生年份，但通过齐僖公身边重要的亲属，可以大致确定他的出生时间范围。齐僖公的父亲齐庄公在位长达64年，齐僖公在公元前731年即位时，一定做了相当长时间的太子。此外，齐僖公的姐妹庄姜于公元前753年嫁入卫国，齐僖公应当是同一时代之人。

此外，齐僖公之女宣姜在公元前718年嫁入卫国，文姜于公元前709年嫁入鲁国。这二人出嫁时间距离哀姜出嫁长达四五十年，哀姜不可能是齐僖公之女。

剩下齐襄公和齐桓公最有可能是哀姜的生父，鉴于齐桓公最终将哀姜杀死，从人性的角度考量，笔者倾向于认为哀姜是齐襄公之女。

《列女传》中同时记载："初，哀姜未入时，公数如齐，与哀姜淫。"由此后人多评价哀姜生性淫荡，纵欲过度而不能生育。因此，她嫁给鲁庄公后，二人未能生子。

笔者认为，这是后人因凭空想象而对哀姜进行的污蔑。《春秋》《左传》以及众多史料中没有哀姜淫乱的记载，而哀姜与庆父的瓜葛也发生于鲁庄公去世后。

至于鲁庄公与哀姜无子之事，则有科学依据。齐僖公之女文姜嫁入鲁国，生下鲁庄公；而哀姜同为齐侯之女，与鲁庄公有很近的血缘关系。近亲结婚会有很大概率造成不能生育，笔者认为这才是哀姜无子的真正原因。

附录18
陈国公子完入齐

陈国公子完的故事要从那一场箭射天子的繻葛之战说起。当年郑庄公的次子公子突在繻葛之战中分析，陈国刚刚发生内乱，郑军应该趁机将陈军作为突破口。最终郑庄公采纳公子突之策，果然取得了繻葛之战的胜利。

陈国的内乱源自一场密谋已久的弑君政变。在公元前707年之初，陈国国君陈桓公莫名其妙消失，群臣派人搜寻了半个月，终于找到了陈桓公冰冷的尸体。

陈桓公之弟公子佗却趁乱暗杀太子，并自立为君，史称陈废公。恰逢周桓王准备对郑庄公用兵，陈废公为转移国内的矛盾，率军随天子出征。

陈桓公之死扑朔迷离，种种迹象表明公子佗为幕后真凶。如今太子被杀，二公子妫跃和三公子妫林以及四公子妫午臼决定报复陈废公。妫跃是蔡国之女所生，于是他们兄弟三人与蔡国密谋起兵，并最终复仇成功，斩杀了陈废公。随后按照长幼顺序，二公子妫跃即位，史称陈厉公。

公子完便是陈厉公之子。公子完出生后不久，恰逢周王室的太史途经陈国。那个年代，太史兼职祭司，精通玄学。于是陈厉公款待太史后，请他为公子完占卜一卦。

太史闻言用蓍草进行演算，占得了观卦，并演变为否卦。《周易》中一变卦的爻辞"观国之光，利用宾于王"。精通易理的太史占卜后告诉陈厉公，这孩子具有光大一个国家的运气，这便是"观国之光"；不过他未来将不在陈国，而有利于在异国他乡发展，便是"利用宾于王"的真意。❶

《左传》此处的记载应当是谶纬之言，至于这一卦是否真实发生，已无从考证。陈厉公在位仅仅七年便去世，由于他与两位弟弟感情深厚，便没有采用嫡长制，而是遵从兄终弟及的原则，将国君之位传给了三弟妫林。妫林即位后，史称陈庄公。

陈庄公在位也仅有七八年时间便撒手人寰，同样，他也没有将国君之位传给嫡长子，而是传给了自己的四弟妫午臼。妫午臼即位后，史称陈宣公。

等公子完到了谈婚论嫁的年纪，陈国贵族懿氏想把女儿嫁给公子完为

---

❶ 观卦第四爻，爻辞，六四：观国之光，利用宾于王。从卦象上看，六四这一爻属于阴爻居柔位，六四为诸侯之位，得势。而因紧邻九五，属于近君大臣，颇得君主的器重。太史根据爻辞，推断公子完日后会得到国君重用。

妻。嫁娶流程一般分为采纳、问名、纳吉、纳征、请期、亲迎六步，其中问名是问清楚对方的生辰八字，并在祖庙占卜，以定吉凶。拿到女子生辰八字并占卜后，众人大喜，占卜结果说："大吉，凤凰于飞，和鸣锵锵。有妫之后，将育于姜。五世其昌，并与正卿。八世之后，莫与之京。"卦辞的意思是，凤凰在飞翔时和鸣的声音清脆嘹亮，陈国后代指代公子完，将会在姜姓诸侯国发展；第五代后人将会官运昌隆，位列正卿；第八代后人将无人能及，暗指取而代之。

姜姓和姬姓相同，乃是中国上古时期的大姓。炎帝生于姜水，以水为姓，此为姜姓来源；黄帝生于姬水，以水为姓，此为姬姓来源。

陈宣公有一位嫡长子，名为御寇，御寇很早便被立为太子，史称太子御寇。公子完与太子御寇这对堂兄弟亲密无间，比亲兄弟的关系还好。周王室太史当年为公子完占卜的卦象似乎正在应验，他日太子御寇即位，公子完必然会成为国君身边的重臣。

可惜，天有不测风云，君有新宠爱妃。陈宣公的宠妃为他生下一个儿子，名为妫款。从此陈宣公的小心思便活络起来，他与周幽王或者卫宣公的想法一样，也想废除太子，让宠妃之子取而代之。

终于，公元前672年，陈宣公一狠心，将太子御寇杀死，改立妫款为太子。公子完势单力薄，难以为太子御寇报仇，又怕被殃及，只好携家眷远逃至齐国。偏偏齐国又是周王朝东方最大的姜姓诸侯国。命运的齿轮开始转动时，当事者对此茫然不知。

据说公子完知书达理，温润如玉，身具君子之风，非常讨齐桓公的喜爱。当时齐桓公想命他为齐国卿大夫。管仲乃千古明相，也不过身居下卿，可见齐桓公对公子完的重视。

公子完并不贪权,他婉言辞谢齐桓公的美意:"我是客居在齐国的小臣,能在齐国避祸,已经是您的恩赐,我又岂敢窃居高位?"最终,齐桓公封他为工正❶。

一日,公子完宴请齐桓公来府上饮酒。齐桓公有三大爱好,打猎、饮酒和美色。他一旦喝得兴起,便常常通宵达旦畅饮。此时正值夜幕降临,齐桓公吩咐下人掌灯,要与公子完继续饮酒。

公子完起身恭恭敬敬地劝谏说:"臣只知白天与君王对饮,不知夜晚陪饮。我不能让您酗酒过度,此为仁义。因此大王之命,臣顺安服从,您请回宫吧!"

齐桓公见公子完做事得体,更加喜爱他。后来公子完在齐国境内安定下来,公子完更名为田完,成为田氏家族的第一代首领。田完去世时,谥号敬仲,他的五世孙田武子在平定齐国内乱时被齐景公赏识,从此田氏与齐国的高氏、陈氏、鲍氏等大家族齐头并进,风光无限。田完的八世孙田成子于公元前485年继承田氏家主之位,四年后,田成子发动政变,弑杀齐简公,并扶持齐平公上位,此后田成子独揽齐国大权,尽诛鲍、晏等齐国贵族,彻底取代姜氏齐国,史称田氏代齐。《庄子·胠箧》中"彼窃钩者诛,窃国者为诸侯;诸侯之门而仁义存焉"之言,便是指田成子取齐之事。

齐国春秋史中唯一的霸主齐桓公,收留了日后田氏代齐的始祖公子完,这或许便是存于历史中的天意。

---

❶ 掌管齐国所有工匠以及调度的官职。

附录 19
斩孤竹而南归

史书中对齐桓公斩孤竹而南归之事记载很少，仅有《国语》对此记载稍微详细，而且《国语》对此事评价极高，认为是齐桓公霸业开始的标志。

《国语》记载："（齐桓公）即位数年，东南多有淫乱者，莱、莒、徐夷、吴、越，一战帅服三十一国。遂南征伐楚，济汝，逾方城，望汶山，使贡丝于周而反。荆州诸侯莫敢不来服。遂北伐山戎，斩孤竹而南归。海滨诸侯莫敢不来服。与诸侯饰牲为载，以约誓于上下庶神，与诸侯戮力同心。西征攘白狄之地，至于西河，方舟设泭，乘桴济河，至于石枕。悬车束马，逾太行与辟耳之溪拘夏，西服流沙、西吴。南城于周，反胙于绛。岳滨诸侯莫敢不来服，而大朝诸侯于阳谷。兵车之属六，乘车之会三，诸侯甲不解累，兵不解翳，弢无弓，服无矢。隐武事，行文道，帅诸侯而朝天子。"

大意为：齐桓公即位后的最初几年，东南方有很多腐败的国家，如莱、莒、徐夷、吴和越等国。齐国一次出兵就征服了三十一个国家，于是又向南进攻楚国，渡过汝水，翻越方城山，汶山也已经可以望见了，迫使楚国向周王室朝贡丝帛然后才撤军。荆州一带的诸侯小国没有谁敢不服从的。于是又向北进攻山戎，打败令支，击溃孤竹，然后才撤军南返，海边一带的诸侯小国没有谁敢不服从的。齐国与这些国家的诸侯缔结盟约放在刷洗干净的牛身上，以此向天地间的神灵发誓，愿永远和诸侯们戮力同心。齐国又向西进攻，占领了白狄的土地，到达西河附近，置备了船只和木筏，渡过黄河，直抵晋国的石枕。为了通过当地的高山深谷，齐国军队悬吊起兵车，勒紧马缰翻越了太行山和辟耳山的拘夏峡谷，征服了西面的流沙和西吴。齐国还组织诸侯的军队守卫周的王城，讨伐晋乱，帮助晋惠公回到绛城继承君位。北岳一带的诸侯没有谁敢不服从的，于是齐桓公得以在阳谷这个地方举行大规模的诸侯盟会。齐桓公执政期间，共组织过有阅兵仪式的盟会六次，乘车举行盟会三次，诸侯们纷纷休兵卸甲，弓箭入库。在消弭了诸侯国之间的战乱，推行文治之道的基础上，齐桓公率领各诸侯恢复了对周天子的朝见。

实际上，史学家们对齐桓公讨伐孤竹国有不同意见，关于孤竹国灭亡的时间有两种说法。根据《春秋》和《国语·齐语》所记，春秋时北方山戎❶侵燕，燕告急于第一个当上中原霸主的齐桓公，齐桓公救燕，"北伐山戎，制令支，斩孤竹而南归"。齐桓公这次北伐，打垮了山戎，使其北退；同时击溃了令支，孤竹国灭。时值齐桓公二十二年，即公元前664年，此为其一，即上文引用的文献。

根据《管子》所记，大约在四年之后❷，齐桓公又"北举事于孤竹、离支（令支）"，彻底征服了山戎与孤竹、令支。山戎献金（铜）表示归服，孤竹国和令支国从此消亡。此后孤竹成为地名，被纳入燕国的疆土，此为其二。

学术界关于孤竹国灭亡的时间一般采取第一种说法，即公元前664年为齐桓公所灭。其实这次齐桓公斩孤竹国国君，孤竹国并没有灭亡。《管

---

❶ 山戎即后世鲜卑。
❷ 公元前660年。

子》记述的时间为公元前660年，此后孤竹成为地名，被纳入燕国的疆土。孤竹人分别融入山戎或燕人群体。

西周初，孤竹国被西周分化。西周在孤竹国的西部建立了燕国，管控孤竹及其北方属地和方国。此时的孤竹国疆域逐渐被压缩于燕南地区。随后燕国崛起，孤竹国属地再次缩小。孤竹的衰弱让更北面的山戎有了可乘之机，在春秋时期，很多原本属于孤竹的疆域已经被燕国和山戎瓜分。

公元前664年，燕国以山戎为名向齐桓公求援时，孤竹国已然衰落。当时他们是否有实力入侵燕国，抑或他们是否勾结山戎入侵，后人不得而知，因此孤竹国灭亡的真正原因成为千古之谜。

但无论真相如何，都不能抹杀齐桓公戍卫中原文明的历史贡献。《论语》这样评价齐桓公："管仲相桓公，霸诸侯，一匡天下，民到于今受其赐。微管仲，吾其被发左衽矣。"

文中"被发"一词意为披头散发，而"左衽"一词则是讽刺北方游牧民族的服饰，因为中华民族的正统汉装应该是蓄长发，绾起来，着冠带，服饰为左襟遮掩右襟。而北方游牧民族披头散发，服饰相反，是右襟遮掩左襟。由此，后人便用"被发左衽"一词指代蛮夷。

《论语》这句话的大意是管仲辅佐齐桓公，使他称霸诸侯，使天下得到匡正，人们直至今天还在享受着他的恩赐。如果没有管仲，人们大概已沦于夷狄。

齐桓公的历史贡献由此可见一斑。

附录20
卫懿公好鹤亡国

卫懿公是卫惠公之子，在公元前668年即位。《左传·闵公二年》记载，卫懿公喜欢仙鹤，而且达到了丧心病狂的地步。他在卫国宫中和国都内，四处豢养仙鹤，并修建高楼供仙鹤居住。他甚至将仙鹤分为不同等级，其中地位最高的仙鹤享有将军或者卿大夫的待遇，仙鹤们常常乘坐奢华的马车招摇过市。

卫国人民对此咬牙切齿，挖苦地将仙鹤称为鹤将军。

卫懿公沉迷于养鹤，荒废朝政八年。当北方戎狄入侵卫国时，卫懿公下令士兵上阵杀敌。对卫懿公积怨已久的军中将领们拒不出战，并奚落卫懿公，让他率鹤将军们出战。

或许是卫国将士的哗变激起了卫懿公作为一国之君的血性，卫懿公幡然醒悟，并决定亲自上阵杀敌。在出征前，卫懿公交代了后事，他给了大夫石祁一块玉玦，寓意石祁遇事可以自行决断；同时他也给了大夫宁庄一支箭，寓意一旦敌人兵临城下，卫国臣民要血战到底。最后，卫懿公将一件绣袍赠送给夫人，叮嘱说，卫国国事将由石祁和宁庄做主。

石祁和宁庄在卫国根基深厚。石祁是石碏曾孙辈的后人，当年石碏凭借一己之力保全石氏家族，此后石家一直是可以左右卫国朝政的大贵族。宁庄则是卫国明君卫武公之弟的后人，因被封在宁邑，族人便以"宁"字作为姓氏。但是宁氏曾经参与过卫国左右公子的政变，卫惠公复辟后宁氏一蹶不振，直到卫懿公上位以后，宁庄趁机成为国君心腹重臣，宁氏才重新活跃于卫国政坛中。

卫懿公率军出征，勇气可嘉。但卫国早已不复当年之勇，卫懿公在荧泽大败，史称荧泽之战。❶

在卫军败局已定时，卫懿公的手下曾劝谏说："大王，请您收起帅旗逃亡吧！"卫懿公维持了最后的尊严，他誓死不肯收旗。这种悲壮慷慨之风令敌军十分感动，他们随后将卫懿公在阵前斩杀。

荧泽之战后，戎狄大军继续南下，又擒获卫国的史官华龙滑和礼孔，带着二人追击卫军残部。二人为传递军情，便游说戎狄首领说："我二人是卫国太史，掌管卫国祭祀之职。若不放我二人回卫国太庙祭祀祷告神灵，你们势必难以拿下卫国。"

当时无论中原抑或四夷，人们都相信鬼神之说，于是戎狄首领将二人释放。华龙滑和礼孔连夜回国都通报军情，石祁和宁庄心知卫国将亡，当机立断带着国都之人南下逃亡。戎狄大军马不停蹄衔尾追击。

两方人马一路南行，最终，卫国人民被堵在黄河天险。戎狄追兵赶到，双方大战一场，卫军再次惨败，战后仅剩七百三十名国人。此时距离卫武公提刀上马千里勤王不过百余年的光景，堂堂中原大国卫国便沦落至此，令人不胜唏嘘。

此时齐国以"尊王攘夷"的旗号称霸中原，卫国遭此大难，齐桓公不得不救援。此外，宣姜与卫昭伯所生的子嗣在卫国国难之时发挥了巨大的作用。

最先发挥作用的是宋桓夫人，她嫁入宋国后深受宋桓公的喜爱。如今

---

❶ 《左传·闵公二年》记载："卫师败绩，遂灭卫。"

卫国惨遭灭顶之灾，而宋、卫两国仅有一江之隔，宋桓公于公于私都没有理由推托，他立刻派军渡河迎接卫国遗民。但是这次戎狄大军实力强劲，宋国仓促出兵，并无取胜把握，因此宋军只能趁夜深时渡河，迎接卫国败军遗民。

卫国遗民大难不死，他们抽调共地和滕地的百姓赶往曹地，并拥立宣姜之子公子申为国君，史称卫戴公。随后，这数千人在曹地修建临时国都，匆匆复国。

而宣姜的另一个女儿齐子发挥了更大的作用，她嫁入齐国，成为齐桓公的宠姬，并且为齐桓公生下了一个儿子，即公子无亏。此时齐桓公霸业如日中天，他命公子无亏率三百兵车以及三千甲士帮助卫国戍守曹地。同时，齐桓公出手十分阔绰，送给卫国大量物资，除了骏马，还有牛、羊、猪、鸡、狗各三百头，以及建筑木材、上好锦缎三十匹，以供卫国遗民繁衍生息之用。

齐国对卫国的援助力度很大，仅公子无亏率领的兵车数量便相当于中等诸侯的举国兵力。

齐桓公在曹地分兵布防，势必会影响齐国与楚国争霸的精力。而这一时期，戎狄部落在北方肆虐，卫国与邢国相继遭遇灭顶之灾，鲁国政局动荡不安，这为齐桓公的霸业留下很多隐患，也为楚成王争霸中原创造了契机。

乱世宿命，终究将齐、楚推向了对决的两端。

附录21
周惠王之死

笔者认为，周惠王之死，或许与太子郑[1]密切相关。

周惠王生前宠爱王子带，曾有废长立幼的打算。齐桓公在召陵会盟中，没能力压强楚。回国后，齐桓公曾经派隰朋向周惠王汇报召陵会盟之事，周惠王却命人召见王子带与太子郑一同会见隰朋。由此，齐人察觉太子郑即将失势。

齐桓公与管仲商议后，决定召开首止会盟，并邀请太子郑。在首止会盟中，齐桓公重申礼乐制度，禁止废长立幼，力挺太子郑。周惠王与齐桓公交情平平，而后周惠王从中作梗，令郑文公背叛首止会盟。

首止会盟后，王室内的权力斗争日益激烈，但太子郑成功维持了太子身份。此时若周惠王驾崩，太子郑外有中原霸主齐桓公的支持，将会顺利成为新天子。

公元前653年冬天，周惠王驾崩。按照礼乐制度，太子郑立刻发丧，则次年正月他便可以成为新任天子。而此时，太子郑行事反常，偏偏选择秘不发丧，很有做贼心虚的意味。直到大势已定，他才将丧事昭告天下。

此时，齐桓公在葵丘会盟中将"诛不孝"列为第一条盟誓。随后王子带叛乱，周襄王[2]竟然没向齐桓公求援。更诡异的是，齐桓公收留了战败的王

---

[1] 周襄王。
[2] 太子郑。

子带。周襄王与齐桓公这两个原本站在同一阵营的人莫名其妙地分道扬镳。

后来周襄王将王子带从齐国召回周王室,但并没有杀死他。周襄王的行为与以往残酷的权力斗争截然不同。而王子带对此并无感激之情,四年后,他又一次起兵作乱,反而将周襄王驱逐出境。这一次,周襄王逃往晋国,借晋文公之手才彻底诛杀王子带,平定王室内乱,史称王子带之乱。

从周襄王即位到王子带之乱,前后时间接近二十年,其中充斥着众多不合理之处,为真相蒙上了一层迷雾。笔者所言,仅为一家之言,供读者拓展思路。